미·중관계의 변화가 한반도에 미칠 영향

Future Direction of US-China Relations and Implications for the Korean Peninsula

延世大學 孔子學院 中國硏究院 研究叢書 005

미·중관계의 변화가 한반도에 미칠 영향

Future Direction of US-China Relations and Implications for the Korean Peninsula

연세대학교 공자아카데미
연세대학교 중국연구원 편

學古房

발간사

2013년 연세대학교 공자아카데미, 2015년 연세대학교 중국연구원이 개원한 이래, 연세대학교 내에서 중국 관련 연구가 본격적으로 시작되었습니다.

색다른 연구와 특색 있는 분야의 연구가 시대의 흐름에 걸맞게 고안되고 추진되어 세상에 빛을 보게 됩니다. 남들과 다른 길을 가는 사람들의 외로움을 사명감과 책임감으로 포장하며 지금이 아닌 미래의 이 땅의 주역들에게 남겨 줄 의미 있는 작업을 하고자 이 마당을 만들게 된 것입니다.

나무가 나무와 더불어 숲을 이루어 우리의 연구 영역을 이루려고 합니다.

인문, 사회과학 연구자가 더불어 잘 하면 누구도 생각지 못한 그림을 그릴 수 있다고 확신합니다. 아집과 편집과 고집은 책을 만들고 연구하는데 아무런 도움이 되질 않습니다. 진실한 연구는 반드시 따르는 후속 연구자가 있게 마련이고 바른 연구 풍토는 반드시 그 빛을 보게 될 날이 있음을 확신합니다.

우리가 책을 만들고 책이 연구를 대변하고 더불어 연구의 숲을 이루는 그 날까지 연세대학교 공자아카데미와 중국연구원은 계속해서 중국학논단 총서를 만들어 나갈 것입니다.

남들과 조금이라도 다르게 생각하고 확고한 신념으로 갖자 맡은 일에 충실함으로써 새롭게 거듭나는 자랑스러운 중국학논단 마당을 열어 나가겠습니다. 감사합니다.

연세대학교 공자아카데미, 연세대학교 중국연구원
김현철 드림

목 차

미·중관계의 변화가 한반도에 미칠 영향

Future Direction of
US-China Relations and Implications
for the Korean Peninsula

【일 시】 2015년 2월 25일(수) 14:00~18:00
【장 소】 연세대학교 새천년관 111호
【주 최】 연세대학교 중국연구원
【주 관】 연세대학교 공자아카데미

패널토론 참가자

Gregory J. MOORE

중국 항저우(杭州) 저장(浙江)대학교 국제관계학과 부교수. 미국 덴버대학교 박사. 주요관심분야는 국제관계이론(구성주의), 국제안보, 중국 외교정책, 미국 외교정책, 미·중관계, 동아시아 국제관계, 북핵문제 등.

CHEN Dingding

마카오대학교 행정학과 조교수. 주요관심분야는 중국 외교정책, 아시아 안보, 중국 정치, 인권 등.

XIE Tao

북경외국어대학교 영문국제학부 정치학과 교수. 미국 노스웨스턴대학교 정치학박사. 주요관심분야는 중국 외교정책, 미·중관계 등. *U.S.-China Relations: China Policy on Capitol Hill*(2009), *Living with the Dragon: How the American Public Views the Rise of China*(2010).

ZHANG Baohui

홍콩 링난(嶺南)대학교 정치학 교수겸 아시아태평양연구센터 소장. 미국 텍사스대학교 정치학박사. 주요관심분야는 중국 대전략, 미·중관계, 핵억제정책 등. *China's Assertive Nuclear Posture: State Security in an Anarchic International Order*(2015).

환영사

김 현 철(연세대학교 중국연구원장)

아름다운 연세대학교 캠퍼스에 오신 걸 환영합니다. 여러 교원과 직원들의 지원과 도움에 감사의 말씀을 드립니다. 오늘 세미나가 성공적으로 진행되어 좋은 결실을 맺기를 기원합니다. 개회사를 대신하여 감사의 말씀을 드립니다.

축 사

이 석 재(연세대학교 공자아카데미 원장)

연세대학교는 쓰촨성(四川省) 중점대학인 쓰촨사범대학교와 긴밀한 상호신뢰와 협력관계를 유지해 왔습니다. 연세대학교 공자아카데미는 한국과 중국 두 나라 간의 교육과 학술연구 관계 강화를 목적으로 2013년에 설립되었습니다. 아카데미를 통해 체계적이고 전문화된 언어교육을 제공할 뿐만 아니라 지적 교류와 학생 연구 프로그램을 발전시켜 학술연구의 질적 향상을 이끌고자 노력하고 있습니다. 연세대학교 공자아카데미는 중국어와 중국문화의 이해를 돕고 한·중관계를 돈독히 하는데 최선을 다할 것입니다. 오늘 세미나가 좋은 결실을 맺길 바랍니다. 감사합니다.

미·중 관계,
어디로 향하고 있는가?

사 회 John DELURY_연세대학교

패 널 Gregory MOORE_저장(浙江)대학교
CHEN Dingding_마카오대학교
XIE Tao_북경외국어대학교
ZHANG Baohui_링난(嶺南)대학교

• DELURY

안녕하십니까. 여러분, 저는 연세대학교 국제학대학원 교수입니다. 오늘 세미나를 함께 준비했습니다. 중국연구원 원장님께 감사드리며 중국연구원의 새로운 도약을 축하드립니다. 이 연구원의 과제 중 하나는 각 분야에서 중국에 대해 연구 중인 연세인들을 한 자리에 모으는 것입니다. 오늘은 이에 대한 첫 실험적 단계라고 할 수 있습니다. 학생들이 교수님들의 각기 다른 분야의 관심사와 각종 자료들을 활용하여 중국에 대해 좀 더 통합적인 접근방법을 배울 수 있는 매우 좋은 기회라고 생각합니다. 오늘은 두 세션으로 이루어집니다. 오늘 세미나의 구성에 대해 간략히 설명을 드리고자 합니다. 첫 번째 세션에서는 미·중관계에 대한 토론이 예정되어 있으며, 미·중 사이의 커다란 이슈들에 대해 패널분들의 첨예하고 신선한 시각을 이끌어 내는데 집중하기 위해 되도록 한반도에 대한 이야기는 배제할 생각입니다. 서정민 교수님이 중재하는 두 번째 세션에서 미·중관계의 남북한과 한반도에 대한 영향으로 이야기를 좁혀보도록 하겠습니다. 한국 내에서는 미·중관계를 한국의 시각으로 바로 접근하는 경향이 있기 때문에 이번 세미나에서는 한 걸음 물러나 미·중관계 자체를 먼저 분석해보는 방식으로 진행하고자 합니다. 물론 한국은, 특히 근래에는, 손익을 막론하고 어느 나라보다도 미·중관계에 민감하지 않을 수가 없습니다. 세미나 참가자분들께 이 사실을 부연 설명할 필요가 있다고 생각하지는 않습니다. 다만, 정치안보적 관점에서 한반도를 생각해보자면 한국은 미국에 안보적으로 의지하고 있으며, 한국에게 경제적으로 가장 주요한 국가인 일본 또한 미국에 의존하고 있습니다. 그러므로 미국과의 관계는 당연히 한국의 일본과의 관계에 영향을 끼칠 수 밖에 없습니다. 그러나 비슷하게도 중국 또한, 한국의 경쟁국이자 적국이라고 할 수 있는 북한의 유일한 동맹국입니다. 그러므로 한국이 처해있는 복잡한 지리적 관계들은 미·중관계의 역학관계에 커다란 영향을 받는다고 할 수 있습니다. 이러한 것들이 저희가 오늘 논의하고자 하는 사항들입니다.

이미 패널 참가자분들에 대해 다국어로 소개를 들으셨습니다. 중국 각지에서 여기까지 패널분들을 모실 수 있었던 것은 정말 행운이었기 때문에, 패널분들에 대해 간략히 한두 가지만 말씀 드리고자 합니다. 모두 정말 대단한 사상가분들이십니다. 네 분의 공통점은 연구분야와 저술분야의 범위가 매우 넓다는 점입니다. 먼저, Chen Dingding 교수님은 마카오대학에 재직 중이시며, 중국 내 인권문제에 대한 주요 논문을 저술하셨습니다. 교수님은 중국의 인권문제와 인권발전과정 담론에 대해 매우 흥미로운 견해를 가지고 있습니다. 교수님의 논문은 매우 흥미로워서 제 강의계획서에도 포함시켜 학생들로 하여금 완독하도록 했습니다. 교수님은 몇 년 전에 "Why China Will Democratize" 라는 아주 멋진 제목의 논문을 공동 저술하시기도 했습니다. 한국적 시각을 가지신 분들에게는, 중국의 관점에서 시작하여 결과적으로 중국과 한국의 관점을 초월하는 시점으로 바라 본 고구려와 고구려의 국가정체성에 관한 교수님의 초기 연구에 관심을 갖게 되시리라 생각됩니다. 이 문제에 대해서는 두 번째 세션에서 논의하셔도 될 것 같습니다. 한가지 더 말씀 드리고 싶은 것은, Dingding 교수님이 Diplomat이라는 웹사이트에 미·중관계와 중국의 외교정책에 관한 에세이를 매주 하나씩 올리시고 있으며, 이 작업을 6개월째 하고 있으시다는 점입니다. 에세이들을 읽으면, 이런 작업을 매 주마다 하는 데 얼마나 많은 노력이 필요할까 생각되어 머리가 아파지고 가슴이 겸허해지게 됩니다.

오늘 한국전쟁에 초대되었던 Zhang Baohui 교수님을 이 자리에 모신 것도 대단한 행운이라고 생각됩니다. Baohui 교수님에 대해 소개할 내용은 시간상 제약이 있으나 핵안보문제, 중국 외교정책, 중미 관계의 전문가로써 매우 큰 영향력을 가지고 계신 분입니다. Baohui 교수님에 대해 또 언급할 점은 저보다는 물론이고 이 자리 중 누구보다도 미국에서 오래 강의하시고 계시다는 점입니다.

그러므로 교수님께서는 이번 토론패널에서 가장 미국 전문가이시며 이렇게 각자의 출신국가만 전문으로 대변하는 것을 초월하는 방식은 저희가 지향하는 바입니다. Baohui 교수님은 본인을 현실주의자이자 중국외교정책의 현실주의 사상가로 분류할 것이라고 생각하는 데요, 그러므로 국제관계론 상에서 교수님의 행보는 중국에서 뿐만 아니라 현실주의 사상의 새로운 세대를 개척해나간다는 면에서 국제적으로 중요하다고 볼 수 있습니다. 교수님은 최근에 Global Asia 지에 시진핑 주석에 대한 훌륭한 글을 기고하셨고 그 글에서 시진핑이 공격적인 현실주의자지만 실용적이고 융통성 있는 현실주의자라는 것을 설명하고 있습니다. 오늘을 위해 다시 정독하고 왔는데요, 저는 '시진핑에 대해 말하는 거야, Zhang Baohui에 대해 말하는 거야?' 라는 생각이 들었습니다. 시진핑 주석이길 바라지만 Zhang Baohui일 수도 있다고 생각합니다. 하지만 Baohui도 예전에 "언제 어떻게 중국이 민주화할 것인가?"라는 글을 쓰신 적이 있기 때문에 Dingding교수님과 어떻게 견해를 달리하시는 지 보실 수 있을 거 같습니다.

　Baohui교수님은 미국에서 10년간 강의를 하셨고 Greg Moore는 그 반인 5년 정도 하셨습니다. Greg Moore교수님은 중국의 저장대학교에서 5년을 지도하셨기 때문에 다른 토론자들보다 중국을 더 잘 알 수도 있습니다. 또 핵안보문제에 대해 높은 영향력을 가지고 계시며 북한의 핵 가동성, 중국이 완성된 핵무기체제를 갖췄다는 전제 하에 우리는 어떤 행동을 취해야 하는 지에 대해 논하는 매우 훌륭한 책을 검수하셨습니다. Baohui 교수님이 매우 주요한 현실주의 사상가이듯 Greg 교수님도 국제적으로 매우 중요한 구성주의 사상가입니다. 그러므로 오늘 우리는 매우 흥미로운 사상적 토론을 볼 수 있을 것입니다.

　마지막으로 저와 절친한 Xie Tao 교수님은 여러 멋진 저서를 발간하셨습니다. Living with the Dragon은 중국에 대한 미국 대중의 태도를 논한 책인데 제가 매우 좋아하는 저서입니다. 또 교수님은 미국에서 많은 시간을 보내시며 미국에 대해 깊게 이해하고 계십니다. 북경으로 돌아와서는 북경의 유수대학에서 강의 중이십니다. 제가 Xie Tao에 대해 언급하고 싶은 점은 우리는 모두 진지하게 학술 연구를 하고 우리가 주장하는 바를 기고하는 진정한 학자들이라는 겁니다. 저희는 여러 가지 이유로 좀더 보호받고 있지만 XieTao 교수님은 수도인 북경에서 민감한 이슈에 대해 글을 쓰시고 주장하고자 하는 바를 왜곡 없이 말하시는 어떻게 보면 참 쉽지 않은 일을 하고 계십니다. 교수님의 작품을 읽을 때마다 저는 매우 흥분됩니다. 자 그러므로 이제 왜 이 토론을 경청해야 하는지 충분히 얘기 한것 같으므로 저희 토론자들에게 자리를 넘기겠습니다. 저는 연사님들이 중미관계의 주요 쟁점과 어떤 체계로 중미관계를 이해해야 하는 지, 어떤 점을 주목해야 하는 지에 대해 생각하시는 바를 10분이 넘지 않도록 준비해 달라고 요청했습니다. 먼저 순차적으로 의견을 얘기한 후 토론을 진행하도록 하겠습니다. 그럼 유교방식에 따라 연장자인 Zhang Baohui 교수님부터 시작하시겠습니다.

• **ZHANG**

먼저 중미관계와 한반도에 미치는 영향이라는 매우 중요한 두 이슈를 논할 흥미롭고 시기적절한 포럼을 개최해준 연세대학교에게 감사의 인사를 드립니다. 저는 2014년에 매우 혼선을 보였던 중미관계의 미래를 전망하는 데에 집중하려고 합니다. 작년 초에 중미관계의 신호는 그다지 긍정적이지 않았는데 정확히 1년 전에 일어난 우크라이나 사태 때문이라고 볼 수 있었습니다. 우크라이나 사태 때문에 중국이 극동지역에서도 비슷한 행동을 취할 수 있다는 우려를 미국에서 관찰할 수 있었습니다. 그래서 2, 3월 즈음에 중국을 향한 미국의 메시지는 더욱 악화되고 있었습니다. 국무부 차관보 Russell은 직접적으로 우크라이나사태 때와 같이 행동하지 말 것을 중국에게 경고했습니다. 또한 2014년 봄, 남중국해에서의 중국의 행보는 중국이 바위 조각들을 하나의 섬으로 만들려는 것으로 보여 귀추가 주목되었습니다. 일부 인사들은 이런 행보가 중국의 공격적인 의제를 보여준다고 주장합니다; 러시아는 유럽에서 그래왔고 중국은 아시아극장에서 쇼를 펼치고 있다는 겁니다. 그러므로 작년 봄에 우리는 많은 미국인들이 오바마 정부에게 중국에 레드 라인(불화시 한쪽 당사자가 양보하지 않으려는 쟁점)을 그으라고 요구하고 물론 중국은 이에 상당한 반응을 보였습니다. 그게 작년 초였습니다. 그런 후 작년 중반에 들어서는 상황이 조금 더 진정되었습니다. 존 케리 미 국무부 장관이 방중하여 시진핑 주석에게 미국이 중국을 고립시킬 의사가 없다고 장담했습니다. 연말에 오바마 대통령과 시 주석이 의도치 않게 생산적이었던 정상회담을 가졌던 APEC 회의 이후 중미관계는 다른 방향으로 흘러가기 시작했습니다. 여러 중요한 협정이 G2 때를 연상시키는 국제적으로 유효한 영향을 담고 있었습니다.

그러므로, 1년 사이에 중미관계는 기복이 심하였고 장차 중미관계의 진짜 앞날은 어떻게 될까요? 저는 세가지 시나리오가 있다고 봅니다. 제일 최악의 시나리오는 직접적인 군사 충돌입니다. 두 번째 시나리오는 냉전관계형성입니다 – 군사적인 충돌은 없으나 미국-소련 경쟁관계를 되풀이하는 세계 양대 강국의 적대관계입니다. 마지막 시나리오는 긍정적인 시나리오로 중국이 원하고 있는 바입니다. "강대국 관계의 새로운 유형"을 만들기 위한 시진핑 주석의 결정, 이것이 중국이 향후 중미관계를 좌우하고 싶어하는 컨셉입니다. 이는 상호존중과 핵심이해관계를 반영한 공평성과 동등성의 체제입니다. 미국인들은 이 컨셉이 중국이 태평양 서쪽 반을 다스리고 미국이 동쪽 반을 다스리는 해상 영향권 분립을 기반으로 한 것이 아닌가 의심합니다.

이 시나리오들의 가능성을 설명하는데 저는 현실주의 이론을 사용하겠습니다. 전쟁 시나리오는 제일 희박한 데 강대국들이 군사적 행동을 취하는 것은 보통 상대국 혹은 양국이 모두 강한 수정주의 국가일 경우이기 때문입니다. 두 가지 현실주의가 있습니다. 하나는 고전적 현실주의이며 주요연구분야 중 하나는 수정주의 국가에 관한 것입니다. 기본적으로 고전적 현실주의는 국가들을 두 가지로 분류합니다 – 현상 유지중인 좋은 국가와 국내 이데올로기, 광적인 지도자, 권력지향적 본능으로 수정주의 국가가 된 나쁜 국가로 말입니다. 그러므로 저명한 정치과학자인 Randal Schweller의 박사 논문도 "양"인 국가와 "늑대"인 국가의 대비에 관한 것이었습니다. 세상에는 두 종류의 국가가 있고 세계 체제에 수정주의국가가 있다면 군사적 충돌은 불가피할 것입니다. 정복을 통해 더 강대해지려는 시대는 지났기 때문에 중국은 고전적이고 전통적인 수정주의 국가이 아닙니다. 오늘날 우리는 정복이 아무 보상도 해줄 수 없다는 것을 인지하고 있습니다. 미국의 이라크와 아프가니스탄 점령이 다른 국가를 점령하는 게 많은 문제를 초래한다는 것을 다시 한번 증명했습니다. 그러므로 영토 점령은 국가를 강성하게 만드는 것이 아니며 오늘날 강대국들은 권력이 기술, 금융, 국제기관 장악과 같은 영향력에서 온다는 것을 매우 잘 인지하고 있습니다. 이는 러시아에게도 적용됩니다; 제 생각엔 러시아인들이 그 비용을 감수해가며 전쟁을 일으켜 동유럽을 정복하기에는 훨씬 현명하다고 봅니다. 그러므로 고전적인 현실주의는 중국에게 적용되지 않지만 물론 저와 다르게 일부 미국인들은 Greg 교수님처럼 중국을 사악한 현실주의 국가로 보기 때문에 오늘 토론이 가능할 것 같습니다.

다른 이론은 세력전이이론인데 신흥강대국들은 새로 얻은 세력과 상응하는 지위를 원하고 하향추세인 기존패권국가는 권력을 양도하길 원하지 않기 때문에 일종의 패권전쟁이 뒤따르게 됩니다. 많은 역사가들과 국제관계론학자들도 이 것이 사이클이라고 생각합니다. 하지만 정말 그럴까요? 국제 관계론학자인 Richard Ned Lebow는 최근 역사적인 기록을 조사하여 이에 반대하는 기사를 썼습니다. 세력전이는 신흥 강대국과 쇠퇴국의 충돌을 꼭 일으키지는 않습니다. Gilpin의 이론은 전쟁이 왜 불가피하지 않은지 강조하고 있습니다. 국가들은 이성적이기에 국제적 입지나 지위를 다지고자 패권전쟁에 참여하는 일은 매우 드뭅니다. 그 정도 가치가 없기 때문입니다. 역사적 기록을 보면 어느 국가에게든 파괴적이고 끔찍한 전쟁은 가장 힘든 상황입니다. 그러므로 중국이 국제적인 지위를 얻기 위해 전쟁을 유발할 것이라고는 생각되지 않습니다. 자기파괴적이기 때문이죠. 중국은 매우 똑똑합니다. 중국은 인민화를 국제화시켜 국제통용화폐로 만들려고 할 것입니다. 이 방안이 더 중국의 영향력을 높여줄 것입니다. 그러므로 저는 전쟁 시나리오가 현실적이라고 생각하지 않습니다. 냉전 시나리오가 더 현실성 있고 많은 사람들의 우려를 받고 있습니다. 냉전 시나리오는 전형적으로 현실주의에 의해 설명될 수 있습니다. 기본적으로 무정부상태는 두려움을 야기시킵니다. 강대국들은 서로를 두려워합니다. 그리고 이 불안감이 상대 국가를 악의적으로 해석하게 만듭니다. 냉전의 이유는 사실상 국가안보이며 이는 더 현실주의적 해석이기도 합니다. 소련이 수정주의국가여서 미국이 소련을 봉쇄해야 했기 때문이 아닙니다. 소련은 안보상황을 인식하고 똑같이 미국을 두려워했습니다. 그러므로 이는 상호적 불안정이 무기전쟁과 대리전쟁이라는 상황으로 이어진 것입니다. 그러나 저는 중국과 미국이 똑같은 절차를 밟을 것이라고 생각하지 않는데 이런 상황은 상호 인식에 좌우되기 때문입니다. 미국의 일부 의견은 중국의 향후 의도에 대한 우려를 가지고 있지만 대다수가 중국을 완전한 수정주의국가로는 보지 않습니다. 중국의 세력에 대해 매년 발간되는 여러 문서들을 읽어보시면, 중국의 의제 중 영토확장은 없다는 것을 명백히 알 수 있습니다. 미군조차 중국의 추세가 완전한 수정주의국가라고 보고 있지 않습니다. 그러므로 미국은 우려하고 있기는 하나 안보문제로 압도당하지는 않고 있습니다. 또 다른 이유는 아직 미국이 압도적으로 군사적 우위를 가지고 있다는 것입니다. 상대국과 대등한 힘을 가졌을 때 더 충돌할 가능성이 높습니다. 만약 한 쪽이 훨씬 우세하다면 상대편에 대한 우려는 적정수준의 제지로 합의 볼 수 있습니다. 미국은 어떤 전쟁 시나리오에서도 아직 중국을 이길 수 있습니다. 2030년 전까지는 중국이 미국과의 격차를 상당한 수준으로 좁히지는 못할 것입니다. 그러므로 미국의 군사적 우위가 중재에 도움이 되고 있습니다. 세 번째 이유는 분쟁의 직접적인 경로가 없다는 겁니다. 양국은 분리되어 있습니다. 미국인들은 한편으로는 중국에 대해서 우려하나 우려에 압도되는 정도는 아닙니다. 그러므로 냉전 시나리오 또한 가능성이 크지 않습니다.

세 번째 시나리오는 중국이 선호하는 바인데 현지 세력 관계에 따른 세력 전이입니다. 강대국들은 경쟁적이기 때문에 이 또한 현실주의적이지 못합니다. 공세적 현실주의에 따르면 국가들은 영향력 강화를 위해 경쟁합니다. 그들은 그 지역 내에 우세 세력이 되고 싶어하고 국제사회에서 최강국이 되고 싶어합니다. 그리고 미국은 국제체계에서 최강국으로 군림하기 위해 완전 헌신적입니다. 클린턴과 부시 대통령 모두 우리의 목표는 경쟁국을 견제하는 것이라고 말했습니다. 하지만 John Delury의 새로운 저서가 부와 권력에 대해 말하듯, 신흥강자인 중국은 항상 강대해지기 위해 부와 권력을 갈망해 왔습니다. 이것이 저의 논점입니다. 시 주석은 중국의 우주의 중심이 되기를 바랍니다. 그러므로 두 나라가 같은 전략적 장기목표를 가졌기 때문에 전략적 경쟁국으로 알려져있습니다. 양국은 아시아태평양 지역과 세계 무대에서 경쟁할 것입니다. 이미 충분한 근거가 있습니다. 예를 들어 미국은 중국이 주도하는 아시아인프라투자은행을 훼방 놓으려고 합니다. 모든 미국의 동맹국은 아시아인프라투자은행에 가입하지 않도록 회유되거나 압력을 받았습니다. 한국도 이 중 하나입니다. 미국은 한국 공군이 주하이 국제항공우주박람회에 참여하는 것도 허가하지 않고 있는데 이에 합리적인 근거는 없습니다. 미국은 중국을 제한하고 싶어하며 미 동맹국들이 중국

권으로 넘어가지 못하게 막으려고 하고 있습니다. 그러므로 경쟁은 더 고조되고 있고 미국이 중국영향권을 상호적이고 암묵적인 인식에 따라 대등하게 봐주길 원하는 중국의 공세적인 바람은 불가능할 것으로 보입니다. 현재 이 시점에서 미국은 경쟁을 선택했습니다. 그럼 무엇이 양국의 미래입니까? 우리는 전쟁 시나리오와 냉전 시나리오를 배제시킬 수 있습니다. 양국은 평화적으로 경쟁할 것입니다. 지역적인 면이나 국제적인 무대에서 라이벌 관계이겠지만 영향력을 둔 평화적인 경쟁관계일 뿐입니다. 국제기관장악에 대한 경쟁이기 때문에 평화를 위협하지는 않을 것입니다. 양국 모두 안보적 불안감을 가지고 있지만 심각한 정도는 아닙니다. 그러므로 내일 당장 핵무기로 전쟁을 일으킬 일은 없을 것입니다. 제가 중국매체에 초청될 때마다 저는 양국의 미래에 대해 전혀 걱정하지 않으며 우호적인 관계가 될 것이라고 말합니다. 이는 부흥하는 중국과 쇠퇴하는 강대국의 형성관계 중 가장 최고의 쌍방관계일 것입니다. 역사적으로 가장 최고의 관계일 것입니다. 그러므로 저는 매우 긍정적으로 생각하고 있습니다.

• **DELURY**

감사합니다 Baohui. 제 학생들에게 항상 현실주의자들은 어둡고 비관적이라고 가르쳤는데 이제 저에게 반대하는 모습을 보게 될 것 같네요. Baohui는 비교적 긍정적인 현실주의자이기 때문에 매우 새롭습니다. 그 다음 연장자이신 Greg님이 발언하시겠습니다.

• **MOORE**

Baohui와 저는 오랜 세월 동안 인연이 있었고 가끔 토론을 주고받았습니다. 저는 중미관계에 대해 심히 염려하고 있습니다. 아시다시피 저는 중국에서 일하고 중국에서 일한 지 10년이 되었지만 더 오래 중국생활을 할 수록 더 걱정이 되는 게 솔직한 심정입니다. 제 생각에는 상황이 어떻게 돌아가는지 뿐만 아니라 어떻게 변화하는지 더 자세히 볼 수 있기 때문일 것 같습니다. 그러므로 이제 반대측의 이야기를 해보겠습니다. Baohui님이 현실주의자면서 긍정적인 게 참 재미있는데요, 저는 구성주의자이지만 사람들이 구성주의자를 생각하는 것처럼 이상주의자는 아닙니다. 구성주의자들은 긍정주의와 비관주의에 대해서 일종의 애매한 태도를 취하고 있습니다. 모든 학자들이 그렇듯 구성주의자들은 그저 관찰하고 결론을 도출해내려고 하는데 현실주의자들은 이에 비해 본질적으로 비관적이라고 생각합니다. Baohui는 "정복은 아무런 득이 없다"는 의미의 발언을 하셨지만 그것은 절대 현실주의자적인 관점이 아닙니다. 저는 사실 푸틴이 몰도바와 조지아, 우크라이나를 분할하는 데 매우 성공적이었다고 생각합니다. 그러므로 가끔 정복은 성공할 수도 있지만 오늘날에는 좀 더 영리하게 해야 하는 것입니다.

제가 무엇을 염려하는 지 간단히 설명 드리겠습니다. 제가 염려하는 이유에는 여섯 일곱 가지가 있습니다. 중국의 상승세나 중국의 상승으로 인한 문제적인 신역학관계를 어떻게 바라보고 계십니까? 첫째로 제가 논할 점은 미국의 외교정책과 그 중점이 무엇인지에 대한 의견 불일치입니다. 미국의 외교정책은 무엇입니까? 저의 중국 동료들에게 물어보면 매우 간단합니다; 그들의 관점에서는 봉쇄정책입니다. 그럼 저는 중국 동료들에게 미국 외교정책을 모르는 것이거나 봉쇄정책이 무엇인지 모르는 것이라고 말해주는데 미국의 정책은 봉쇄정책이 아닙니다. 하지만 그럼에도 미국이 중국을 봉쇄한다는 자각과 다른 현실주의적 추측이 중국 내에 우세합니다. 저는 John Lewis Gaddis나 George Kennan을 공부했다면 봉쇄정책의 정의는 소련의 경우에서 분명하다고 주장합니다. 미국이 현재 중국을 대하는 것과는 매우 다른 방식입니다. 미국은 중국의 최대 투자자 중 하나이고 중국은 미국채권 최대보유자 중 하나입니다. Zhang Baohui 같이 많은 중국인들이 미국에서 일하고 저처럼 중국에서 일하는 미국인들도 있으며 매년 상대국에 수 천 명의 학생을 보냅니다. 이는 우리가 냉전 체제에 보았던 봉쇄정책 모델과는 판이하게 다릅니다. 미국의 행보는 위험분산(hedging)이라고 볼 수 있고 주식투자나 도박과 비슷합니다. 한 주식에 모든 것을 투자하는 게 아니라 분산하는 것입니다. 그러므로 한 상황이 잘못되면 다른 상황으로 완충시킬 수 있습니다. 그것이 현재 미국의 정책입니다. 포용정책이 아직 주 정책이지만 미국은 일본, 필리핀, 한국에 위험분산을 하고 있고 베트남에도 조금, 만약을 대비해 인도와 중앙아시아에도 하고 있습니다. 실로 미국은 중국의 360도 주위에서 상황의 악화를 대비해 작업 중이지만 봉쇄정책과는 매우 다른 종류입니다. 이 얘기에 더 시간을 쓰지는 않겠지만 Kennan의 본래 의도와 의도한 바는 달랐던 봉쇄정책의 현실에 대해 많은 것을 얘기한 Gaddis의 시나리오가 있습니다. 소련 영향의 위협은 영토 확장이었고 이 것이 중국의 의제에는 없다는 것에 Baohui와 동의합니다. 중국적인 모델이 자유주의의 대안이 되기에는 여러 모로 문제점이 있으나 이념체제전복도 중국에서는 큰 문제라고 생각하지 않습니다. 권위주의, 원칙 파괴, 테러지원국과 거래를 하는 것은 다분히 문제적이지만 소련 식 이념체제전복과 영토화장의 모델과는 비할 바가 못됩니다.

　두 번째 항목으로 넘어가겠습니다. 중미 신뢰관계부재에 대한 해결책이 없습니다. 중미관계를 연구하시면, 제가 주장하려는 바인 Wang Ji Si와 Kenneth Lieberthal의 2012 중미의 전략적 불신에 관한 논문이 매우 익숙하실 겁니다. 불신은 침식적이라서 더 큰 불신을 야기하는 태도를 형성합니다. 제 시각으로는 매우 큰 문제입니다. 청화대의 Yan Xuetong님은 신뢰는 그렇게 중요치 않다고 했습니다. 그는 외교정책에 관해 "Let's Not Be Friends (친구가 되지 말자)"는 제목으로 협력하기 위해 친구가 되야 할 필요는 없다고 주장하는 글을 썼습니다. 그의 말이 옳기는 하지만 그는 불신이 얼마나 침식적이고 위험하며 문제가 있는지 저평가하고 있는데 불신은 모든 쌍방 관계에 염산을 뿌리는 것과 같습니다. 중미관계에는 신뢰가 결핍되어 있고 이것은 매우 큰 문제입니다. 이 문제는 간단한 해결책이 없습니다.

　세 번째는 중국의 해상 정책과 미국의 필리핀과 일본에 대한 헌신입니다. [남중국해 지도를 가리키며] 여러분은 모두 이 지도가 낯익을 것입니다. 붉은 선은 중국의 "9 dash line" 을 나타내는 데 이는 현 중국이 불가침의 지도로 만들어 버린 1947년 국민당 지도로 거슬러 올라갑니다. 동중국해와 남중국해에 대한 중국의 적극적인 소유권 주장과 행동은 중국이 선택한 해상 정책의 전환이고 일본, 베트남, 필리핀, 미국 그리고 다른 국가들이 대응하는 것입니다. 이는 미국을 탓할 수 없는 문제입니다. 중국 친구들은 "미국의 공격에 대응하는 것"이라 말하지만 저는 "연대순으로 지도를 봅시다. 달력을 보면 언제부터 중국이 정책변화를 시작했으며 언제 재균형 정책과 아시아 중심정책이 시작했습니까?"라고 되묻습니다. 중국이 먼저 행동을 취했고 미국이 이에 반응하는 것입니다. 미국이 중국을 봉쇄하려고 하는 것이 아닙니다. 이는 중국 해상 정책의 변화입니다. 중국은 모든 해상 문제에 대해 훨씬 더 왕성한 노선을 취했고 미국과 그 동맹국들이 반응하는 것입니다. 미국은 이미 충분히 중동지역 문제를 겪고 있고 러시아도 염두에 둬야 합니다. 미국은 중국과 마찰을 원하지 않습니다. 제 관점은 2008년 이후 중국이 매우 자신감이 생겼고 훨씬 대담해졌다는 것입니다. 올림픽은 성공적이었으며 2008년 금융위기 때 중국은 (제가 믿지 않는)Paul Kennedy의 제국쇠퇴설을 확인하고 "미국이 하락세니 조금 더 노력하면 우리의 시대가 도래할 것이다."라고 생각하는 것 같습니다. 2009년과 2010년 후 천안함 사태와 연평도 해전으로 중국은 북한의 편에 섭니다. 미국은 중국이 더 공격적이고 압박적으로 변한 것을 인식했으며 아시아중심정책(Pivot to Asia)은 이에 대한 반응으로 저에게는 매우 당연하게 여겨집니다. 그러므로 미국은 이런 상황을 원하지 않았지만 이에 대응하고 있고 이 지역적 변화가 상황을 더 어렵게 만들고 있습니다.

사이버 안보에 대한 의견불일치도 문제의 신역학관계의 또다른 영역입니다. [그래픽을 지목하며] 2013년도의 한 뉴욕타임즈 기사로 보도된 Mandiant라는 IT 보안회사의 6년간의 조사에 의하면 중국 IP주소로부터 140여 번의 사이버 공격이 있었고 이는 미국정보기술표적이 19번, 미국항공우주표적이 16번, 정부 관련기관이 12번, 금융, 농수산, 지적재산권, 절도와 파괴 등을 포함했습니다. 미국에 있어서 이는 매우 중요한 문제입니다. 중국은 등가성을 주장합니다. 다시 말해서, "미국의 행동도 같다, Edward Snowden이 증명했든 미국도 청화대학교와 홍콩중문대의 컴퓨터망을 침입했다"라는 것입니다. 그러나 Snowden의 폭로는 미국의 행동을 드러낸 것이 아닙니다 – 저는 청화가 중국의 선두 과학대학인 만큼 방위 관련 표적이 있을 줄 알았습니다. 홍콩중문대에서 무엇을 찾고 있었는지는 알 수 없으나 이 것이 미국 발 사이버공격의 두 사례입니다. 그러나 뉴욕 타임즈 연구는 중국 해커 한 팀이 140번의 공격을 한 것을 나타내고 있고 여기에 등가성은 성립할 수 없습니다. 또 다른 점은 미국은 모토롤라나 GM, 또는 미국 내 특정인에게 공유하고자 청화대 자료를 도난한 것이 아닌 반면 중국은 미국정부기관들과 미국회사들의 기밀을 캐내 중국기업들에게 주고 있습니다. 이는 다른 차원이고 매우 문제적인 행위입니다. 이는 국제 경제 질서에 영향이 있을 것입니다. 저는 이런 신종 사이버전쟁을 대처하기 위한 군사적이나 경제적인 외교수단이나 국제관계론이 아직 없다고 생각합니다. Richard Clark의 저서 사이버전쟁에 따르면 우리는 이미 전쟁 중입니다. 중국과 미국은 사이버공간에서 교전 중입니다. 중국은 이를 부인할 것이나 제가 목격하고 연구한 모든 것에 따르면 조용하고, 파괴적이며, 무기명인 작은 전쟁이 진행 중이라는 것은 명백합니다. 이는 국제관계론에서 다룬 바가 없는 큰 문제이며 새로운 분야이기 때문에 정의 내려진 바도 없고 대처할 방법도 많이 없습니다.

다섯 번째 논점으로 중국의 대안적 유사 기관 설립 정책들은 도전이자 중국의 국제 체계로의 통합을 신호합니다. 제 견해로는 후자에 가깝지만 베를린 소재 Mercator Institute(메르카토르 대학)에서는 "China's Shadow Foreign policy: Parallel Structures Challenge the Established International Order(중국의 그림자 외교정책: 유사 기구가 기존 국제 사회에 도전하다)"라는 다소 선정적인 제목의 보고서를 발표했습니다. 제 의견으로는 약간 과하며 이 방면으로는 Baohui의 편이기에 토론 상 별로 걱정되지는 않습니다. [화면의 그림 상] 분홍색이 기존 국제 단체나 기관이며 적갈색이 중국의 최근에 설립된 유사 대안 체제와 관련 기관입니다. 이 주제는 고려할 가치가 있다고 생각하는데 어떤 면으로는 기존 주류 기관들에 대한 대안으로 통솔 가능한 기관들을 설립하려는 중국의 노력을 엿볼 수 있기 때문입니다. 그러므로 이는 사실이라 볼 수 있습니다. 문제는 중국의 의도입니다. 중국이 수정주의 국가가 되어 국제 질서를 침해하려는 것일까요? 저는 중국이 이 보고서가 제안하듯이 미지의 기밀 범죄 행위를 하고 있고 매우 위험하다고 확신하지 않습니다. 중국은 유니언 페이(중국고유 신용카드 네트워크)가 있고 우리는 비자 카드가 있습니다. 이것이 문제라고 여겨지지는 않습니다. 그러나 아시아인프라투자은행과 같은 중국이 독재국가의 국민의 인권을 침해하는 프로젝트에 투자하거나 삼협댐 프로젝트같이 현지인의 의견을 묵살시키는 프로젝트에 투자하기 위한 기관들은 문제일 수 밖에 없습니다. 이는 독재국가 주도 정치 방식인 중국식 대안 체제의 잠재적 문제들입니다. 그러므로 유럽과 미국 시각에서 볼 때 이는 국제공동체에게 중대한 문제입니다.

다음 논점은 제가 밤잠을 설치게 하는 문제입니다. A2/AD와 AirSea Battle (공해전투)의 그늘입니다. 민간인은 이것이 무엇인지 모르지만 정책통이고 무명의 보고서들을 읽는 거밖에 할 일이 없다면 이 단어들이 매우 익숙할 것입니다.

A2/AD(Anti-Access/ Anti-Denial)는 접근거부전략이며 공해전투는 이미 주류 정책이 된 미국의 제안입니다. 공해전투작전은 아시아태평양지역에서 미국과 중국의 군사적 충돌이 있을 시 어떤 상황이 벌어질 것인지, 미국의 긴급사태대책에 관한 것이며 아시아태평양의 미국주둔에 대한 중국의 대응책이 접근거부전략입니다. 모두 저에게는 1914년도 유럽을 연상시킵니다. 기본적으로 선공하는 국가가 우위를 선점한다는 것인데 그럼 센카쿠 분쟁이나 대만에 관한 군사적 충돌이 있을 시 중국과 미국은 어떻게 해야 군사적으로 우세할 수 있을까요? 많은 세부사항이 필요한 내용이지만 핵심은 미국이 승리하기 위해선 정보기술 지배가 필요하다는 것입니다. 미국은 스마트 레이저와 GPS 유도 무기에 의존하고 있고 위성과 정보통신, 컴퓨터, 과학기술이 필요합니다. 그러므로 미국의 과제는 중국의 초수평선 레이더와 위성을 제거해 중국의 눈을 멀게 하는 것입니다. 아니면 중국이 미국에게 똑같은 공격을 할 것입니다; 중국이 미국 위성들을 공격할 것이며 먼저 공격하지 않으면 공격을 당하기 때문에 선공하려는 것입니다. 먼저 빠르게 대처해야 하는 점이 제1차세계대전 발발 전 1914년에 패전하지 않으려는 압박감에 군사전문가들이 미리 병력을 동원하고 상황을 진행시켰던 총동원령 사태와 매우 흡사하다는 점에서 문제가 되고 있습니다. 저는 이 사태를 매우 우려하고 있고 우리 모두 극도로 신중해야 합니다. 아니면 상황이 악화되어 통제불능의 상태로 빠질 수 있습니다.

홍콩에 대한 의견불일치, 협력부재와 같은 문제들은 넘어가야 할 것 같지만 마지막으로 결론으로 말할 것은 불길한 현실주의를 바탕으로 합니다. John Mearsheimer의 연구와 어울릴만한 바그너 같은 음악이 있다면 저한테 추천해 주십시오. 여기 몇 달 전에 발표한 2014년 국방예산이 있습니다; 미국이 5810억 달러를, 중국이 1290억 달러를 지출했습니다. 2년 전 자료입니다: 미국이 6450억 달러를 지출했고 중국이 1020억을 썼습니다. 이 추세를 보시면 매우 흥미롭습니다. 이 것은 스냅샷이지만 2013년도부터 2014년의 숫자로 보면 중국의 군사지출은 미국의 15퍼센트였습니다. 2년 후인 최신자료에서 중국의 지출은 22퍼센트가 됐습니다. 그러므로 격차가 좁혀지고 있습니다: 미국의 군사지출은 2년간 10프로 감소했고 중국은 26프로 증가하였습니다. 그러므로 국방 지출 편차는 이 추세에 따르면 빨리 없어질 것입니다. Baohui는 2030년을 언급하셨지만 이는 추측일 뿐이기 때문에 우리는 알 수 없습니다. 그러나 이는 John Mearsheimer의 양국간의 경쟁관계에 관한 어둡고 현실주의적인 시나리오에 잘 적용됩니다. 미중 양국의 과제는 아무도 원하지 않는 불행하고 두려운 충돌과 같은 불확실성에 잘 대처하는 것입니다. [중미 해군장성들이 악수하고 있는 사진] 마지막으로 2014년 중미협력관계의 사진인데 이는 매우 흥미롭습니다. 중국과 미국의 최고 해군장성의 군복을 비교해보면 하나 일치하는 점은 해사군복입니다. 이는 협력의 신호일지도 모르나 중국식 위조의 신호일지도 모릅니다. 확신할 수 없습니다.

• **DELURY**

Greg가 긍정적인 편에 서서 마무리 하실 줄 알았는데 이 문제에서도 어두운 면을 주목하시는 군요. 감사합니다 Greg와 Baohui. 두 분 다 참석해주셔서 매우 기뻤던 이유 중 하나는 두 분이 의견을 달리하실 것을 알았기 때문입니다. 이제 Xie Tao 차례입니다.

• **XIE**

중미관계에서 제가 중요시 여기는 몇 가지를 간단하게 짚고 가겠습니다. 첫째로, 중국을 볼 때 우리는 소위 역사적 행보들의 충돌을 고려해 보아야 합니다. 1840년을 시작으로 중국은 한번도 동아시아의 강대국이었던 적이 없습니다. 미

-스페인 전쟁 종전 후 미국이 국제사회에서 최고 위치로 격상했을 때를 시작으로 중국은 비교적 쇠퇴중인 미국이 익숙하지 않았습니다. 미국도 신흥하는 강대해지고 있는 중국이 어색했습니다. 이는 중국과 일본의 관계에도 적용됩니다. 메이지 유신 후 일본은 한번도 강대한 중국을 본적이 없고 중국도 약세의 일본을 본 적이 없습니다. 이 변화하고 있는 현실을 어떻게 심리적으로 재적응해야 할까요? 중국은 상대적으로 더 강대해지고 있으며 일본 혹은 미국은 상대적으로 약해지고 있습니다. 그러므로 중국 지도층과 워싱턴과 도쿄의 사람들은 현실에 다시 적응해야 합니다. 이런 현상을 저는 역사적 행보의 충돌이라 부릅니다.

두 번째 논점은 Greg에 의해 이미 언급되었습니다. 미국과 중국의 패권 다툼입니다. 미 국무부장관과 버락 오바마 대통령부터 시작해서 미국은 중국이 자유주의적 세계질서에 순응해야 한다고 주장합니다. 그러면 중국 지도층은 이렇게 주장합니다. "우리는 질서를 지키나 우리만의 질서를 설립할 것이다. 즉, 우리는 규칙에 따라 행동할 것이지만 다른 규칙으로 행동할 것이다. 우리는 다른 팀을 만드는 것이다. 미국은 럭비를 하고 우리는 축구를 한다. 스포츠들은 비슷하지만 우리는 다른 규칙으로 경기한다 우리가 우리 클럽내의 규정에만 따른다면 문제될 바가 없다." 이것은 양국간의 큰 논쟁의 소지입니다. 상해 협력 기관과 Greg가 프레젠테이션으로 발표하신 음모와 그늘진 정책을 주목하십시오. FRAAP, 아시아태평양자유무역지대, 아시아 내 신뢰구축과 자주성을 위한 회의, 중국의 아시아인프라투자은행이 몇 가지 예시입니다. 이 사례들은 중국이 주도권을 쥐는 대안적인 국제기관들을 설립하는 중국의 노력으로 볼 수 있습니다.

제 세 번째 논점은 베네수엘라와 미얀마 같은 많은 사례가 보여 주듯이 중국이 급증한 자금을 이용해 중국 주도 경제질서로 다른 나라들을 끌어들이려 하고 있다는 것입니다. 이는 소위 일대일로로 불리는 21세기 해상실크로드와 육상실크로드 경제벨트입니다. 이 모든 것은 중국이 주도하는 경제적 질서로 이웃국가들을 얽으려는 중국의 노력으로 볼 수 있습니다. 그러므로 일본과 미국은 다른 세트의 질서를 따를 것이고 중국은 중국 서부의 인접국들과 동남아시아 국가들로 중국 중심 경제 질서를 조직할 수 있을 것입니다. 그러나 중국 언론매체와 분석가들을 보면 중국의 행동이 비판 받고 있습니다. 예를 들어 베네수엘라는 "중국이 얼마나 많은 돈을 베네수엘라체제에 퍼붓고 이 돈이 중국으로 돌아가 더 많은 투자와 더 많은 부채를 만드는 지 보라" 고 합니다. 베네수엘라는 중국의 매우 큰 자금처이며 다른 나라들도 물색하고 있습니다. 그래서 실크로드펀드가 정부운영이 아닌 정부협력 하 현지기업신청 사모펀드 방식으로 운용될 것이라는 중국 정부의 지침에 대한 뉴스보도가 있었던 것입니다. 이는 중국이 개발도상국에게 채권을 발행해 리스크를 줄이려는 노력으로 볼 수 있습니다.

　제 네 번째 논점은 중국 지도층이 중국외교정책에서 미국의 우선권을 낮추고 있다는 미국 정부의 우려입니다. 중국 주변으로 초점이 이동됨을 볼 수 있었던 작년 말 회담이 명백한 증거입니다. 이제 미국이 중국외교정책의 최우선이 아니며 이 현상이 미국의 역할을 경시하고 인접국에 더 집중하겠다는 뜻인지 의문스럽습니다. 두 가지 논거가 있습니다. 하나는 시 주석의 중미관계의 새로운 모델 제안에 대한 미국지도자들의 냉담한 반응 혹은 암묵적 거절입니다. 워싱턴에서 매우 저조한 반응을 보였고 중국 지도층은 한 대 얻어맞은 격이 됐습니다. 두 번째로 중국은 실제로 주변국과 문제를 겪고 있습니다. 두 근거로 중국 지도층은 확실히 주변국에 더 집중하는 방향으로 외교정책을 전환할 필요가 있었습니다. 중국외교정책의 미국 경시의 지표 중 하나는 2년 전 발표된 버락 오바마 대통령의 국가 안보 전략에 관한 중국 매체의 보도입니다. 2010년 첫 발표 시 중국과 미국의 전략적 목표에 대한 많은 언론의 분석이 있었습니다. 그러나 이 번에는 버락 오바마의 제 2차 국가안보전략은 중국을 언급한 단락이 있음에도 언론 분석은 매우 적었습니다.

다섯 번째 논점은 경제벨트, 실크로드 전략에 있습니다. 제 견해로는 중국이 내수 경제 문제가 있기 때문에 동남아시아와의 해상실크로드와 육상실크로드 경제발전로라는 미사여구를 확산시키는 것이라고 여겨집니다. 우리는 모두 중국 경제가 지체 중이며 쿤밍과 방콕간의 고속도로 건설이나 상해와 모스크바, 브뤼셀과 암스테르담까지 잇는 대륙횡단 유라시아 고속철도 건설을 통해 중국이 초과 제조 능력을 수출할 수 있음을 알고 있습니다. 이 경제 계획에서 추론한 전략적 계획이라고 하지만 매우 가능성 있다고 봅니다. 중국은 중국에서 일찍 끝나버린 인프라 투자 붐이 필요하기 때문에 중국의 초과 제조 능력을 수출할 해외 시장이 필요합니다.

여섯 번째 논점은 일본 문제입니다. 이는 매우 논란의 여지가 많습니다. 중미관계에 있어 대만이 중심 논제였으나 점차 일본이 그 자리를 대신하는 것으로 보입니다. 아베 내각의 일본외교정책은 북경의 많은 사람들을 분노케 했습니다. 누구의 책임인지 논할 시기는 아니지만 핵심은 일본이 중국과 미국 사이에 위치한 이상 어떤 주요한 발전, 신뢰, 전략적 협력도 매우 어렵다는 것입니다. 대만도 2016년 대선과 다른 내부 문제들이 있습니다. 그러나 저에겐 일본이 중미관계의 최고 난제가 되고 잇는 것으로 보입니다.

마지막 두 사항입니다; 하나는 Brookings에서 버락 오바마 대통령의 국가 안보전략 발표 이후에 이루어졌던 국가안보보좌관 수잔 라이스의 연설에서 매우 명백해졌습니다. 그녀는 아프리카가 다음 미국의 우선순위의 최전선이 될 것이라고 발언했습니다. 우리는 모두 중국이 아프리카에서 막대한 존재감을 가지고 있으며 비할 데 없는 영향력을 가지고 있는 걸 인식하고 있습니다. 그러므로 아프리카가 양국의 영향력 및 주도권 경쟁의 새로운 전투지가 될 것입니다. Greg의 발언내용에 좀 더해서 결론을 내리자면 이는 미국의 정치적 부패라고 부를 수 있겠습니다. 근 2년 사이 미 국방부 장관이 자주 바뀌고 있습니다; Chuck Hagel이 사임했고 이제 세 번째 장관이 부임할 것입니다. 그리고 미국 예산 절차를 봤을 때 장기 계획과 물적 자원 감소를 고려하면 미국의 내수자원이 상대적으로 감소하고 있습니다. 그러나 오바마는 국가안보전략에서 미국이 계속 선두주자가 될 것이며 미국이 추구하는 지도력의 부재는 없다고 단언합니다. 국제적 수준의 리더십은 자원뿐만 아니라 선견지명과 양당주의가 필요합니다. 이 세 핵심 요소는 현 미국정치에서 찾을 수 없습니다. 장기적으로 미국 지도력과 중미관계의 가장 큰 과제는 미국이 의회를 정리하고 물적 자원을 정렬하며 일관된 외교정책을 발의할 정치적 의지와 통찰력을 보유하고 있는 가입니다.

• **DELURY**

마지막으로 Dingding이 발언하겠습니다.

• **CHEN**

저의 의견을 나눌 수 있어서 영광이고 마지막 발언자라는 게 많은 이점을 주는 것 같습니다. 저는 Baohui, Greg, Xie과 특정 사안에서 동의하기 때문에 그 부분들을 번복할 것 같습니다. 저는 중미관계의 미래를 두 가지 중점사항으로 점치고 있습니다; 하나는 역량이고 하나는 의사입니다. Greg이 중국의 목적에 대해 많이 논하셨고 Baohui는 공격적 현실주의자가 아니라 방어적 현실주의자이기 때문에 긍정적이셨습니다. 공세적 현실주의에 따르면 항상 충돌이나 대전으로 결론이 납니다. 이 두 가지 요소 - 역량과 의지 - 를 양측에서 판단해보면 저는 Baohui보다는 아니지만 Greg보다는 더 긍정적이므로 그 중도에 있습니다. 첫째로 중국의 역량을 살펴보겠습니다. 대부분 최근 30년간 중국의 성장이 극적이었다는 것에 동의합니다 - 기적이 아니라도 최고 수준이었습니다. 핵심 사안은 향후 5년 혹은 10년 간의 미래입니다. 중국은 확실히 지체되고 있습니다; 지난 10년간 두 자릿수 성장률을 유지했으나 이제는 7프로 밑으로 떨어졌습니다. 기업위원회 관계자와 대화를 해보니 실질 성장률은 4프로나 5프로로 중국기준에선 조악한 숫자라고 합니다. 하지만 국제적인 기준으로는 매우 뛰어난 수치로 일본은 지난 20년 간 1,2 혹은 0%의 성장률까지 겪었습니다. 미국도 최근 회복 추세를 보이며 호조를 보이고 있습니다; 여전히 낮긴 하지만 다른 국가경제보단 훨씬 좋습니다. 미국 경제 규모로 4프로의 성장률은 중국의 8프로와 대등합니다. 실제 수치를 보면 대단한 성장입니다. 그러므로 중국의 역량은 의심할 여지 없이 증가할 것이나 기대치만큼 빨리는 아닐 것입니다. 2030년은 환율 기준으로 중국이 미국 경제를 넘어설 수 있는 해일 수도 있습니다. 중국의 경제가 지체되면 더 미래가 될 것입니다. 이는 중국 지도자들의 사상, 의사와 전략을 결정하기 때문에 중요합니다. 2008년 후 중국이 공격적으로 변했다는 의견이 많은데 일부 학자들에 따르면 이는 논쟁의 소지가 있습니다. 미국의 Iain Johnston은 정확히 이 주제로 중국이 공격적이거나 강경하게 변하게 아니라 매체의 영향이라고 글을 기고했습니다. 당연히 과학적 근거도 없이 수치를 신중히 보지 않는 달변가들이 있습니다. 그러므로 중국은 적극적으로 변한 게 아닙니다. 1999년 미국의 Belgrade 중국대사관 폭격사건 후 어떤 일이 벌어졌습니까? 중국인들이 격노하여 북경 미국대사관에 돌과 계란을 던지고 청도의 미국 영사관 건물을 불태웠습니다. 이는 다시 벌어지지 않을 일이며 2008년 후에 그런 일은 없었으므로 중국은 공격적으로 변하지 않았으며 동중국해와 남중국해 지역이 예외일 수 있지만 미국의 국익과는 관계가 적은 지역입니다. 그러므로 중미관계는 그렇게 나쁘지 않다고 볼 수 잇습니다. 더 중요한 것은 중국의 목표는 무엇이고 중국이 새로운 국제 질서를 설립하려 하는 지입니다. 아무도 그에 대해 명료한 답변을 할 수 없다고 생각합니다. 시진핑 주석은 애매해 보이지만 실상 수 천

년 전과 같이 초강대국이 되겠다는 의미가 명백한 그의 슬로건 "중국의 꿈"을 내세우겠지만 이 문제에 명쾌한 답변을 가지고 있습니다. 그 꿈이라는 관념은 제 경험에 중국에 만연하게 퍼져 있으며 많은 중국인들이 이 꿈을 이루기 위해 시진핑 주석의 목표를 지향합니다. 이 현상의 의미는 매우 복잡합니다. Greg가 독일 씽크탱크 보고서를 인용하셨듯이 중국이 미국과 유럽 위주의 현 국제기관들에 만족하지 못하고 중국 고유 방식의 국제기관들을 설립하겠다는 것은 매우 중요한 신호입니다. 이런 면에서 중국과 러시아는 같은 목적을 공유합니다 – 미국이 주도하는 세계를 원하지 않습니다. 이는 명백하고 많은 중국인들이 동의합니다. 문제는 대안 체제가 있느냐이고 대안을 개발하려고 노력 중이지만 아직 부재한다는 것입니다. 역량에 따라 30년 내에 대안체제를 설립할 수 있을 지도 모릅니다. 그러나 제가 언급했듯이 중국이 중국의 국익과 아시아, 더 나아가 세계를 위해 더 나은 기관들을 설립하는 것을 목표로 하는 것은 명백합니다. 이는 20년에서 30년 후에야 결실을 볼 수 있는 매우 야심 찬 목표입니다. 미국 입장도 판단해야 합니다. Joseph Nye는 미국 역량을 생각해 봤을 때 미국이 하락세에 있기는 하나 향후 30년에서 50년간 미국을 넘어설 나라는 없을 거라고 단언합니다. 중국의 경제가 미국 경제를 넘어설 수는 있으나 군사적 역량과 기술은 2050년에도 미국을 추월하지 못할 것입니다. 그러므로 앞으로 삼사십 년간 무슨 일이 잇더라도 미국은 초강대국일 것이며 Xie Tao가 말하셨듯 국제 지도자로 남으려고 할 것입니다. 여기에는 명료하게 충돌이 있습니다 – 국제적 리더가 되려는 신흥 세력과 성장을 유지하려는 주도 세력입니다. 그러므로 마찰이 있을 것이며 이 마찰의 결과가 중미관계뿐만 아니라 국제 질서를 결정지을 것입니다. Baohui가 소론에서 언급하셨듯이 내수 요인뿐만 아니라 중국에는 시진핑 신임 주석이라는 새로운 요인이 있습니다. 시 주석은 모두를 놀라게 했습니다. 2012년 전에는 시진핑은 후진타오 식의 비독창적인 리더로 여겨졌습니다. 그러나

2012년 후의 그의 업적을 보십시오. 경이로운 수준입니다. 그의 개혁이 성공할지는 논란의 여지가 있으나 그가 야망을 가진 사람이라는 것은 부인할 수 없습니다. 그의 대담성과 작전은 중국, 아시아와 전세계에 큰 여파가 있을 것입니다. 2011년 발 미국의 아시아중심정책과 이에 대응한 중국의 유럽진출전략이 양국간 직접적인 마찰을 빚지 않는 다는 것은 희소식입니다. 단기적으로 양국간 심각한 충돌은 없을 것입니다. 특히 중국의 Wang Yang 부주석의 작년 11월 시카고에서의 발언은 중국매체에서는 아니지만 미국매체에서 많이 보도되었습니다. 그는 중국이 현재로서는 미국의 지도력을 수용한다고 핵심적으로 발언했습니다. 중국은 현재는 약체이기 때문에 마지못해서라도 미국을 수용한다는 것입니다. 그러나 이 의미는 중국이 강성해지면 전쟁은 원치 않더라도 협상할 필요가 있다는 것입니다. 암묵적 메시지는 미국이 중국과 힘을 나누어야 하며 이는 자연법이라는 것입니다. 역사를 보면 국가들은 흥망하고 신흥 강대국이 새 법을 결정합니다. 어느 국가도 자연법을 벗어날 수 없습니다. 그런 의미에서 중국은 정통성을 가지고 있으며 중국과 국가들에게 이로운 새 규정을 정할 권한이 있습니다. 그러면 이제 미국에 대한 질문은 "중국과 세력을 나눌 의사가 있는가?"입니다. 물론 표준은 중국은 민주주의 국가가 아니며 인권문제가 있고 중국식 모델은 다른 개발도상국에게 적용 가능하지 않다는 것입니다. 그러므로 답은 중국이 초강대국이 된다는 30년후에야 알 수 있을 것입니다. 현재 시점에서 중국은 경제적 발전과 국가 현대화, 대만통합에 집중하고 있습니다. 그러므로 저에게 중미관계를 예측하라 한다면 어려운 일이지만 비교적 긍정적입니다.

• **DELURY**

많은 사안이 논제로 나왔습니다. 제가 일련의 질문을 할 테니 의무감은 느끼지 마시고 관심 가는 부분에 답해주시면 됩니다. 그 다음에 두 번째 발언을 가

질 것이며 서로 도중에 발언하셔도 좋습니다. 네 분의 발언을 듣고 저를 놀라게
한 것은 Baohui의 견해가 그나마 가장 긍정적인 시나리오였고 긍정적인 시나리
오를 택하셨던 것도 아니라는 점입니다. Greg는 가장 비관적인 무대를 전망하
시고 Tao와 Dingding은 그 중간에서 미국과 중국의 기본적인 방향전환과 중국
의 미국 패권 내에 자국경제안보를 위한 모방체제를 만들려는 의사를 강조하셨
습니다. 꼭 의견충돌이 벌어져야 하는 것은 아니지만 그런 기류를 형성할 것 같
습니다. 제가 첫 번째 제안 드리고 싶은 것은 내키신다면 상대적으로 비관적인
시나리오에서 벗어나 더 희망적인 미국과 중국의 협력이 발전 가능한 시나리오
에서는 어떤 일이 일어날지 고려해보시는 겁니다. Baohui는 APEC이 놀라운
성과였다고 언급하셨습니다. 참관자들은 미－중 기후협약의 심각성에 매우 놀
랐습니다. 이는 시초에 불과하지만 양측이 그런 약속을 할 수 있다는 것이 기후
전문가들에게 마저 놀라움으로 다가왔습니다. 그 회담은 제가 가장 좋아하게 된
회담이었으며 그 후 저는 중국을 마음껏 오갈 수 있는 10년 비자를 획득했기
때문에 미국 정책을 비판하는 일을 멈췄습니다. 그 협약은 회담의 직접적 결과
였고 기업과 민간 사회 레벨에서도 관계에 큰 영향을 미쳤습니다. 그러므로 제
생각에는 여러분이 간과한 협력 가능성이 있을 수도 있다고 생각합니다. 이 협
약이 시초라면 어떻게 더 발전하는 것이 가능합니까? 또 하나의 협력가능성은
ISIS일 것입니다. 오바마 는 중국을 무임승차자라 불렀고 미국은 중동지역에서
지원을 원하는 상태입니다. 중국의 지원가능성은 얼마나 됩니까? 중국이 건설적
인 방식으로 역할을 높여 중동 과제를 해결하는데 미국과 다른 국가들에게 도움
이 될 방법이 있습니까? 양자간 투자보호협정은 미국정치계에서는 진행중인 큰
사안이며 양국의 협력차원에서 오는 투자를 크게 증대시킬 수 있는 변화요소이
기도 합니다.

그럼, 살짝 축을 돌아 비교적 비관적인 우리의 가정들로 돌아가겠습니다. 저

는 중미관계를 방해하는 요인이 사상인지 가치인지를 더 파헤쳐보려고 합니다. 미국인 시각에서 중국이 비민주국가라는 점은 미국인들이 고려할 방향이 아닙니다. 시진핑 주석은 진보적 민주주의로 나아가지 않고 있음이 명백합니다. 여러분 중 두 분이 중국의 민주화 문제에 대해 기고하셨으니 여쭈는 바, 이 문제가 중미관계에 어떤 여파가 있습니까? Greg는 1989년 6월 4일에 민주화 운동 억압이 중미관계의 매우 핵심적인 순간이라는 흥미로운 글을 기고하셨습니다. 이는 충분히 인식되지 않고 있습니다. 만약 Chen의 예상대로 중국이 2020년 민주화한다면 중미관계는 어떻게 됩니까? 양국이 그때는 협력하겠습니까? 저희가 논한 바는 소실될 것이며 2030년 군사력이 대등해지는 것에 대해 걱정할 필요가 없어질 것입니다. Baohui는 2030년 중국이 미국과의 마찰에서 이길 수 있다고 하셨으나 중국이 민주화하면 그것이 중요할까요? 그전에 이 관계의 적대적이고 경쟁적인 면이 얼마나 중요한 것입니까?

세 번째 질문은 국내정책에 관한 것인데 이 그룹의 뛰어난 장점이 네 분 모두 미국과 중국의 국내 정책에 대해 심도 있는 이해를 하고 계시다는 점입니다. 양국에 대한 견해가 모두 있으신 분들을 찾기는 매우 드문 일입니다. 우리는 모두 정책은 지역적이기 때문에 국제 정책이 즉 국내정책이라고 합니다. 그럼 국내정책 면에서 주목해야 할 주요 사안들을 무엇이며 이 관계에 어떤 영향을 미칩니까? 미국은 대선을 앞두고 있는데 부시 정부 대 클린턴 정부가 얼마나 중요합니까? 얼마나 큰 차이를 만듭니까? 이 향후 관계에 대해 국민적 감정은 얼마나 중요합니까? 중국 국내 정책의 분위기는 무엇이며 중미관계에 어떤 영향이 있습니까? 혹은 시진핑 주석의 귀속목적을 이루고 워싱턴에서 원하는 반응을 얻고자 하는 큰 계획에 따라 국내정책이 격리 당하고 있습니까? 중국측의 국내정책에는 어떤 모델을 적용해야 합니까?

· **ZHANG**

제가 두 번째 질의에 답하겠습니다. 정부형태, 정권형태가 중미관계에 미치는 영향은 현실주의자들의 관심사가 아닙니다. 현실주의자들은 무정부상태의 경우에도 비슷하게 해석합니다. 그러므로 국내 조직은 국가행동에 영향이 없습니다. 냉전상태에서 중국과 미국이 동맹국이었던 근거가 바로 이 점입니다. 그러나 현실주의에서 벗어나면 민주주의를 선으로 독재정권을 악으로 간주하는 민주적 평화이론으로 국내정권이 영향이 있다고 주장할 수 있습니다. 국가적 차원 요소에 집중하면 선과 악에 대한 토론 느낌을 받을 수 있습니다. 저는 현실주의자이기 때문에 사상은 중미관계에 영향이 없으며 순전히 전략적 동맹이었다고 생각합니다. 그러므로 정권형태는 근본적으로 논제가 아닙니다.

· **MOORE**

1980년대 중-미 동맹은 매우 흥미로운 사례입니다. 제 생각엔 미국인들은 등소평이 우리 중 하나라고 생각했던 것 같습니다; 카우보이 모자를 쓰고 검은 고양이와 흰 고양이를 기르는 합리적인 할아버지로 보았고 중국인들이 우리와 비슷해지고 있다는 Jonathan Spence의 묘사를 믿었습니다. 그러므로 1989년 6월 4일, 많은 미국인들이 등소평이 아직 레닌주의자일 수 있다는 생각에 충격을 받았고 관념주의가 다시 유행하여 냉전시대시각으로 되돌아갔으며 고르바초프가 미국화되는 조짐을 보이자 한동안 중국이 러시아보다 더 악의 축으로 여겨졌습니다. 저는 Baohui가 현실주의자로써 정권 형태는 영향이 없거나 국제관계론 상 중요치 않다고 발언하신 일관성에 경의를 표합니다. 그러나 구성주의자로써 정권 형태와 사상은 매우 큰 역할을 합니다. 냉전은 근본적으로 그리고 종합적으로 사상차이에 관한 것이었습니다. 영국도 핵무기보유국이나 미국에서는 아무도 영국, 프랑스, 이스라엘에 관한 핵 억제정책을 논하지 않는 반면 ISIS와

이란, 북한에게는 태도를 달리합니다. 북한이 보유하는 핵은 영국에 비하면 조족지혈이지만 우리는 영국이 아닌 북한을 우려합니다. 우리는 미사일 수를 조정하는 게 아니라 발사 버튼을 누를 상대가 누군지 인지하는 것입니다. 그 것이 우리가 우려하는 바이고 우리는 북한을 신뢰하지 않습니다. 우리는 북한 정권을 보며 전제적이고 끔찍하며 잔인한 정권이라고 여기며 북한은 테러와 끔찍한 행위의 경력 기록이 있습니다. 이 것이 우리가 걱정하는 바입니다. 미국이 중국에 대해 걱정하는 근거도 사상적 문제로 회귀할 수 있습니다. 이는 냉전 문제가 아닙니다. 미국은 냉전 사고방식을 가지고 있다는 많은 의견이 있습니다. 그러나 나폴레옹, 카이저, 히틀러, 스탈린, 호치민, 김일성 일가, 사담 후세인까지 거슬러 올라가면 미국인들은 독재자들을 일절 불신하는 데 독재자들이 제멋대로 자국민과 이웃들을 끔찍하게 다루는 전력이 있기 때문입니다. 독재자들은 자국사회에 대한 그 어떤 의무감도 느끼지 않기에 하고 싶은 대로 할 수 있는 것입니다. 현대사회에서 독재자들은 언론을 통제하고 국가적 위대성을 과대포장해서 광고합니다. 푸틴이 완벽한 사례입니다; 언론통제가 없었다면 6,7년간 정권을 유지하기 훨씬 힘들었을 것입니다. 권력을 유지하기 위해 언론을 통제해야 했고 실제로 그렇게 됐습니다; 언론매체 국가운영으로 사실을 왜곡하고 원하는 지지를 얻을 수 있습니다. 그러므로 사상은 핵심이고 정말 근본적으로 중요한 사항입니다. 이것이 현실주의자와 구성주의자의 근본적인 차이입니다.

• **ZHANG**

　저는 Greg에게 완전히 반대합니다. 등소평을 신뢰한 것이 동맹으로 이어졌다는 의견은 동의하지 않습니다. 그가 공산주의자였다는 것은 공공연하며 그는 서구화 없이 현대화하고 싶다고 언급했습니다. 어떤 미국인도 그가 민주주의자가 될 것이라는 환상에 속은 적이 없습니다. 등소평을 좋아한 근거는 등소평이 충실한 미국 동맹이었기 때문입니다. 1979년 중월 전쟁의 최신 해석은 등소평이 미국에 접근해 사상적 이해가 아닌 전략적 신뢰를 얻기 위한 방법으로 전쟁을 이용했다는 것입니다. 현대미국 외교 정책을 보며 가장 중요한 동맹국은 사우디 아라비아입니다. 우리가 이 카드를 과도히 사용한다면 사상이 중요해지지만 사실 미국은 어느 강대국과 매한가지입니다. 미국의 외교정책은 세력과 안보에 의해 결정되며 중국도 같은 목적을 원동력으로 비슷하게 행동하고 있습니다. 그런 점에서 양국은 다르지 않습니다.

• **DELURY**

미국의 독재국가 지원은 다음 세션에서 계속 토론해 보겠습니다. Tao, 긍정적 협력관계로 논점을 전환해 주시겠습니까?

XIE: 당장 중미양국간 특정 햇볕산업을 이름 대는 것은 매우 어렵습니다. 언급된 바와 같이 비자카드는 한 가지 예시이나 이는 중국 비자 정책에 분노한 미국인들 때문이라고 들었습니다. 사업가들은 중국에 더 자주 방문하길 원했으나 중국대사관이 비자를 허락해주지 않았습니다. 그래서 미국이 중국에 10년 비자를 발행해 주어 중국 정부도 이에 응하게 한 것입니다. ISIS는 중국 내에서 열띤 논제입니다. 중국은 다양한 국가가 아닙니다. '중국이 세계를 지배할 때'라는 저서를 쓴 Martin Jacques는 중국에 대해 매우 좋은 한 문장을 적었습니다; 그는 중국의 향후 최대 과제 중 하나는 차이와 다양성을 어떻게 대처하는 가라고 했습니다. 중국 정부와 사회가 차이를 어떻게 해결하겠습니까? 중국은 서부에 상당수의 무슬림 소수민족을 가지고 있습니다. 만약 ISIS의 기운이 번져 중국 국경을 넘어버린다면 이는 악몽이 될 것입니다. 그래서 중국이 파키스탄이나 아프가니스탄 내 테러반대 캠페인에 대해 공개적으로 발언하기를 꺼리는 것입니다. 그러나 신장과 다른 지역에서 자라고 있는 불안과 물리적 폭력의 신호들로 중국 지도층이 이제 미국에 더 이상 무임승차할 수 없음을 깨달았을 것입니다.

• **DELURY**

중국 내에 중국의 해결책에 대한 진지한 대화가 있습니까?

• **XIE**

일부 사회에서 논의된 것은 ISIS내 유엔군이나 미군에게 군수지원을 보내는 것입니다. 두 번째는 중국이 대파키스탄정책을 변경해야 한다는 것입니다. 저는 협력기회가 있는 분야들에 대해 기대하고 있지만 현재까지도 양국은 사람들이 추측하는 것보다 훨씬 더 많이 협력하고 있습니다.

• **DELURY**

Chen에게 질문이 있습니다. 여러분 중 한 분이 중국의 우선순위 면에서 미국이 하락세라고 언급하셨습니다. 이는 매우 흥미로운 현상이며 중국의 국제적 경제 존재감에 따른 자연스러운 현상일 수도 있습니다. 그러나 보편적으로 중국 외교정책은 과거보다 훨씬 복잡해졌습니다. 일부 저명한 냉전 역사가들은 등소평이 미국에 대한 선물로 베트남을 침략했을 수 있다고 주장하나 현대에 그런 일이 일어나리라 상상하기는 힘든 법입니다. 미국이 중국의 우선순위 목록에서 우위를 유지할 것을 지시한 적은 없으나 이에 대해 더 논했으면 합니다. 미국이 우선순위에서 멀어지고 있는 것이 사실이며 그렇다면 미국 정치인들이 중국외교정책의 설립과정이 등소평 시대 때보다 훨씬 더 복잡해졌다는 사실에 적응해야 합니까?

• **CHEN**

이는 사실이 아닙니다. 미국은 항상 1순위였습니다. 단지 중국지도층이 인접 국과의 분쟁을 해결하기 위해서 워싱턴을 거치는 대신 직접 방어해야 한다는 것을 깨달았을 뿐입니다. 예전에는 미국과 좋은 관계를 유지하면 일본과 필리핀 같은 국가들 배후에는 미국이 있기 때문에 모든 지역적 분쟁이 해결된다는 관념 이 있었습니다. 이제 중국 지도자들은 지역분쟁은 따로 그리고 다르게 해결해야 한다는 것을 깨달았지만 미국이 우선순위에서 밀려난 것은 아닙니다. 미국이 유 일한 초강대국이고 1순위로 남아있는 것은 변하지 않습니다; 수단이 변한 것이 지 중요도가 변한 것은 아닙니다. 미중 양국간의 협력사례를 더 찾아볼 수 있는 가에 대한 질문에 답하겠습니다. 협력은 가능하나 다른 분야에서 더 많은 마찰 또한 가능합니다. 기후, 비자, 투자와 같은 로폴리틱스(low politics)에서 우리는 더 많은 협력을 기대할 수 있을 것입니다. 그러나 안보 분야에서 특히 중국의 핵심국익에 관하여 더 많은 충돌과 긴장이 감돌 것입니다. 대만은 아직 언급되지 않았고 근 몇 년 간 평화로웠지만 내년 민진당의 승리 가능성은 또 다른 문제를 야기할 수 있습니다. 그러므로 중국에게 안보 우려 1순위인 대만을 간과해서는 안됩니다. 그 분야에서 더 많은 충돌이 일어날 것이나 이 복잡한 현실에서 마찰 과 협력은 공존할 것입니다.

• **MOORE**

저는 그 발언에 완전 동의합니다. 중국은 여전히 미국을 핵심 국가로 바라보 지만 포트폴리오를 아프리카, 남미 그리고 중앙아시아로 다각화했습니다. 중국 은 전략적 관심을 분산시키는 것이며 이는 중국으로써 매우 현명한 행동입니다. 이는 놀랍지 않으며 큰 그림으로 봤을 때 중국이 미국을 국제관계에서 핵심 쌍 방관계로 간주한다는 것은 변하지 않습니다. 중국이 아덴만과 소말리아만에서 큰 역할을 한 해적 소탕과 같은 긍정적인 면도 있습니다. 중국은 국제사회와 협력하여 해적들에 맞서 해상치안을 유지하고 이는 중국이 책임감 있는 이해당사자 역할을 맡은 큰 진전이었습니다. 또 하나 매우 중요한 사안은 동티모르입니다. 중국이 코소보 사태나 관련 문제에서는 항상 반대입장을 표명하고 우크라이나 사태는 중국에 별로 영향이 없어 침묵을 유지했습니다. 중국은 영토 보전을 주장하고 이는 중국세계관에 있어 매우 중요한 부분입니다. 그럼에도 동티모르 문제는 중국이 유엔 안전보장이사회에서 서방국과 함께 동티모르의 독립과 단독선거를 지지하는 호주의 안건에 찬성표를 던진 경우입니다. 중국은 이를 지지했고 이는 매우 중국의 행보와 대비되는 모습입니다. Iain Johnson은 중국이 사회화되고 있는 증거라고 할 것이고 현실주의자들은 인도네시아의 1998년 초 반중국 정책과 화교지역을 잔혹한 대우로 몸서리 치게 한 폭동에 대한 대가로 인도네시아를 벌하려 한 것이라고 할 것입니다. 아마 중국은 다른 속내가 있을지도 모르나 긍정적인 면도 있습니다. 만약 중국이 서방국가들에게 ISIS 표적 공격에 J8와 스텔스기, 비행중대를 갖춘 공군을 지원해주겠다고 하면 어떻겠습니까? 어떤 반응을 보일까요? 저는 매우 흥미로워질 것이라고 생각합니다.

• **CHEN**

반 ISIS 미국연합군에 대한 중국 지원을 주제로 기술한 것은 제가 유일한 거 같습니다만 저는 중국이 지원하지 않을 것이라고 생각합니다. 중국은 말하자면 하급 동맹국은 되지 않을 것입니다. 미국도 중국의 지원을 원치 않을 것인데 미국이 중국의 지원을 요청하면 중국이 "미국이 ISIS 전투의 주도자가 되고 중국은 부지도국이 되겠다"라고 제시할 것이기 때문입니다. 미국은 터무니 없는 일이기 때문에 거절할 것입니다. 중국은 필요하다면 육군 병력을 지원해줄 수 있지만 미국이 중국의 조건을 수용할까요? 저는 이에 회의적입니다.

• **DELURY**

미국은 여전히 전시상황을 대비해 남한에 작전 지휘 병력을 주둔시키고 있습니다. 그러므로 중국과는 조금 상상하기 어렵습니다. Baohui 마지막 발언기회입니다.

• **ZHANG**

저는 중국분석가들이 중국의 외교정책방향이 변했다는 분석이 오해의 소지가 있다고 생각합니다. 시진핑 주석의 첫 주요 외교정책은 그의 야망에 따라 강대국 관계를 가지는 것입니다. 그는 국제적 입지를 다지고 미국과의 협력을 이루길 원합니다. 그러므로 그는 사적으로 많은 시간을 중미 관계에 투자할 것입니다. 어느 신흥국이든 주된 목표는 영원히 우세국일 것입니다. 미국이 중국보다 강대한 이상, 중국에게 가장 중요한 쌍방관계로 남을 것입니다. 그러나 이는 상황이 변하지 않았다는 것을 의미하는 것은 아닙니다. 상황은 많이 변했습니다. 미국의 단극체제 시대의 절정에서 중국은 일부러 경의를 표시했으나 이제는 그렇지 않습니다. Wang Yang은 그런 발언을 하도록 권한을 부여 받은 적이 없습니다. 외교부장관 Wang Yi나 시 주석 본인 역시 중국이 미국 정부를 존중한다는 언급을 한 적이 없습니다. 이 신종 외교관계는 상호 존중과 핵심 관심사에 따른 동등성을 추구하고 있지만 존경은 부재합니다.

• **DELURY**

잠깐 휴식시간을 가진 뒤 다음 세션을 진행하겠습니다. 본 세션을 바탕으로 한국에 대해 토론할 것이며 학생들과의 질의응답시간을 가지겠습니다. 미리 토론자 분들께 큰 박수 바랍니다.

한반도에 미치는 영향은 무엇인가?

사 회 **서정민**_연세대학교

패 널 Gregory MOORE_저장(浙江)대학교
       CHEN Dingding_마카오대학교
       XIE Tao_북경외국어대학교
       ZHANG Baohui_링난(嶺南)대학교

• **SEO**

저는 연세대학교에서 정치학을 가르치고 있는 서정민 교수입니다. 이 자리에 있게 되어 정말 기쁘고, 국제 관계를 바라보는 관점의 매우 흥미로운 대조를 볼 수 있어서 흥미진진합니다. 특히 미국과 중국 사이의 국제 관계 - 구성주의자가 부정적이고 현실주의자가 긍정적이라는 것입니다. 독재 시스템 하에서는 일관성을 유지할 수 있고 민주주의에서는 일관적이기가 굉장히 어렵다는 점에서 모순적이죠. 아마도 미중관계에 대해 10시간도 더 이야기할 수 있을 것 같지만 다음 주제로 넘어가죠: 미중관계가 한반도에 미치는 영향은 무엇인가? 어쩌면 한반도는 두 거대 세력이 평화를 추진하거나 1950년처럼 지역적 마찰을 빚을 수 있는 곳일 수도 있습니다. 그러니 미중관계가 한반도에 미치는 영향을 이해하는 것은 동아시아의 안정을 위해 필수적입니다. 나와 계신 패널 분들의 (미중관계의) 영향에 대한 의견을 듣고 싶습니다. 이번에는 역순으로 하는 걸로 하겠습니다. Dingding부터 시작하죠.

• **CHEN**

옛 친구와 함께 할 수 있어 기쁩니다. 한반도는 중국과 미국이 잠재적으로 더 협력할 수 있는 미개척지입니다. 제가 보기에는 이미 두 나라(미국과 중국)가 적어도 북한의 핵 야망을 포기하도록 설득하기 위해 무엇을 할지 생각하고 있다고 볼 근거가 있습니다. 제 생각에는 중국이 북한 문제로 미국과 더 협력할 이유는 다음과 같습니다. 첫 번째는, 이미 많은 분들이 눈치채셨듯이, 중국 대중들 사이의 북한의 평판이 지난 몇 년간 악화되었다는 것입니다. 우리는 북한을 논하는 신문기사들에서 (북한) 군인들이 중국 마을로 도망쳐와서는 마을 사람들을 여럿 죽이고 다른 끔찍한 일들을 벌였다는 것을 읽습니다. 정책 입안자들 사이에서도 북한을 상당히 도발적인 시각으로 보고 있습니다. 몇몇 극단주의자들은 북한이 자국의 이익을 위해 중국을 무시하기 때문에, 중국은 북한을 무조건적으로 지원하는 것을 그만둬야 한다고 주장하고 왜 중국이 북한을 도와줘야 하는지 묻습니다. 이것은 아직 소수의 목소리고 다른 사람들은 흔히 말하는 중국과 미국 또는 동아시아의 미국 동맹 체계 사이의 완충지대로써의 전략적 이익이 있는 북한에게 면죄부를 줍니다. 시진핑 아래의 현지도부가 북한을 어떻게 다르게 다룰 것인지에 대해 적어도 생각을 하고 있다는 증거들이 떠오르고 있다고 봅니다. 중국이 어쩌면 북한으로 가는 몇 달 치 석유 수출을 끊을 수 있겠죠. 3차 핵실험을 한 뒤 올해에 또 4차 실험을 한다면 확실히 중국이 굉장히 언짢을 테니까요. 이제 우리는 모두 시진핑이 후진타오와는 다른 지도자라는 것을 알고 있습니다. 후진타오는 북한문제에 관해서는 손을 떼고 외교관들이 문제를 해결하게 했습니다. 하지만 시진핑은 자신만의 생각이 있고 북한의 터무니없는 도발과 행동을 참아주지 않습니다. 그가 집권을 시작한 2012년 이후로 반복되는 요구에도 불구하고 김정은이 한 번도 중국을 방문하지 않았기 때문에 이는 확실합니다. 그래서 저는 시진핑이 김정은에게 제대로 행동하지 않으면 중국에게 환영받지 못할 거라는 신호를 명확히 보내고 있다고 생각합니다. 북한이 러시아, 일본, 남한, 인도네시아, 그리고 미국에 여러가지 신호를 보내온 이유는 이것입니다. 중국의 압력으로 인해 더 유연해지는 것이라고 믿습니다. 이것은 실제로 시진핑 이래의 새로운 접근법입니다. 무조건적인 지원 아니면 방치라는 옛날식 이분법은 더 이상 존재하지 않습니다.

한편으로는, 미국이 북한을 대하는데 소위 전략적 인내라는 접근법을 택했습니다. 미국이 군사적 해결책을 도입하기에는 굉장히 어렵고 거의 불가능하다는 것을 깨달았기 때문입니다. 그래서 미국은 북한에게 강경하고 싶지만 실제로는 북한에게 잘 작용되지 않습니다. 군사적 해결책은 논외고, 그 전략을 나쁘게 표현하자면 게으름뱅이 전략(laziness approach)이라고 할 수 있습니다. 효과적인 것을 아무것도 하지 않은 채 그저 김씨 왕조가 내부로부터 몰락하기를 기다리는 기다리는 것인데, 우리는 그것이 일어날지조차 모릅니다. 만약 일어난다면 어떤 결과가 남겠습니까? 제 개인적인 소견으로는 미국이 조금 더 유화적인 대북정책을 써도 됩니다. 북한에게 일종의 안보 보장을 제공하는 것으로 시작할 수 있습니다. 북한은 지금 생존이 절박하고 미국을 타당한 이유로 두려워하고 있기 때문입니다. 세계 최강의 군대를 보유한 미국을 누가 안 두려워하겠습니까? 이라크의 사담 후세인을 보면 미국에게 잡혔고, 카다피는 유일하게 스스로 핵에 대한 야망을 버렸는데 미국에게 배신당했죠. 당신이 북한 지도자고 합리적인 사람이라면 그런 결말을 두려워할 거라고 확신합니다. 단지 생존과 안보를 보장하기 위해서라도 핵무기를 추진하는 것은 북한에게 합리적입니다. 하지만 다시 북한의 의도를 생각해본다면 생존에만 국한되어있는 것은 아닙니다. 일단 충분히 강해진다면 의도는 바뀔 수 있죠. 약할 때는 아마 생존을 걱정하겠지만. 강해지면 새로운 의도를 개발하게 됩니다. (국가의) 의도는 개인처럼 변합니다. 가난할 때는 서울 근교에 있는 침실 두 개 딸린 아파트를 꿈꾸지만 부유해지면 강남에 있는 펜트하우스를 생각하죠. 욕구의 변화는 돈에 상응합니다. 그러니 북한이 남한 같이 중간 세력이 될 수 있다면 공격적인 확장주의 국가인 것은 합리적입니다. 북한이 이미 핵무기와 강한 경제를 확보했다고 상상해보십시오. 그러면 사안들이 많이 다르겠죠. 그리고 우리는 북한이 스스로의 생존만으로 만족하리라고 예상할 수 없습니다. 남한의 혹은 미국의 조건과 다른 방식의 남북통일을 추구하겠죠. 그래서 저는 생존과 확장이라는 이분법이 현재로서 약한 북한에게 유용하다고 보지는 않습니다. 더 강해지면 보다 확장주의 세력이 되겠지요. 그렇다면 이 문제를 어떻게 해결할 수 있을까요? 제가 내놓을 제안은 중국이 북한에게 더 강경해지고 미국에게는 더 유화적이어야 한다는 것입니다. 중국의 강경한 자세는 북한에게 실질적인 압력을 넣을 수 있습니다. 중국이 돈, 식량, 그리고 석유를 제공하기 때문이죠. 아무리 북한이 중국을 불신하더라도, 중국이 여전히 북한에게 남아있는 유일한 동맹국입니다. 러시아, 일본, 미국이나 다른 나라가 아니죠. 북한은 어떻게는 중국 말을 들어야 합니다. 한편 미국이 북한을 대할 때 외교적인 인정, 심지어 다른 나라와 연계된 일종의 안보 보장을 제공하는 등의 유화책을 도입한다면 북한은 스스로 더 안전하게 느낄 것입니다. 그것이 점진적으로 미래 남북한 통일을 위한 길을 닦겠죠. 이것이 제 시점에서 최고의 시나리오입니다. 일본을 포함한 주변 6개국이 모두 안정되고 번영하는 한반도로부터 이익을 얻을 것입니다. 최악은 남북한 사이의 전쟁입니다. 그리고 현 상황은 별로 안정적이지 못합니다. 북한은 덩샤오핑이 30년 전에 그랬듯이 시장 개혁을 도입해야 합니다. 그리고 점진적으로 사회 개혁과 정치 개혁도 도입해야 합니다. 하지만 이것은 긴 과정이고 20년 혹은 더 오래 걸릴 것입니다. 우리는 지금 당장 시작해야 합니다.

• **SEO**

중국은 더 강경해야 하고 미국은 더 유순해야 한다는 거군요. 어쩌면 많은 이들은 미국이 충분히 강경하지 못하고 중국은 충분히 유화적이지 못하다고 믿는데, 어느 입장에 있는지에 따라 다르겠습니다. Chen은 한반도의 긴장을 실제로 줄일 수 있는 것이 무엇인가에 대해 복잡하지만 중요한 답변들을 제시해 주셨는데요. 정말 감사합니다. 다음으로, Xie Tao가 말씀해주시겠습니까?

• **XIE**

이것은 제가 잘 아는 분야는 아니지만 몇 가지 아이디어를 내보겠습니다. 우선 Dingding이 한 말에 덧붙이겠습니다. 오늘날에는 아무도 육자회담에 대해 진지하게 이야기 하지 않습니다. 마치 육자회담이 먼 옛날에 존재했던 것 같습니다. Dingding은 미국이 전략적 인내를 수용하고, 그것이 중국을 불리한 위치에 놓는다고 말했는데요. 저는 미국 국내 정책에서 굉장히 자주 쓰이는 단어를 쓰겠습니다. 아웃소싱(Outsourcing)입니다. 저는 중국이 핵문제를 오랫동안 미국에게 아웃소싱 했다고 생각합니다. 중국은 미국이 한반도 비핵화에 대해 더 관심이 있다고 믿었습니다. 하지만 얼마 지나고 보니 핵무장한 북한이 미국보다 중국에게 더 직접적인 위협을 준다는 것을 깨달은 것입니다. 이런 의미에서 Chen은 이것을 미국의 전략적 인내라고 부르지만, 저는 미국이 중국을 아웃소싱 한다고 부르겠습니다. 특히 3차 핵실험 이후, 중국 국내 언론에서 핵실험에 대한 분노를 찾아볼 수 있습니다. 중국 국경에서 겨우 30 마일 정도 떨어져 있었는데 핵실험 도중 무언가 잘못되면 어떻게 하죠? 우리 모두 알다시피, 중국 북동부는 중국의 가장 중요한 산업과 농업의 기지입니다. 이것이 제 첫 번째 요점입니다. 중국은 악의 축에 해당하는 불량국가를 이웃으로 두고 있기 때문에 더 큰 위협에 처해있습니다. 중국 지도자들과 몇몇 분석가들은 이를 깨닫고 행동을 취하기를 제안하고 있습니다.

제 두 번째 요점은 어떻게 김정은을 상대하느냐는 겁니다. 그는 모스크바에서의 행사 참석을 초대받았고 시진핑 주석도 초대받았습니다. 제가 보기에는 김정은이 중국과 러시아를 대립시키고 있는 것 같습니다. 삼차 핵실험 이후로 중국이 굉장히 실망했고 대북원조를 끊겠다고 위협했기 때문에, 김정은은 지금 서둘러서 안보와 식량 보급책을 구하는 것이 최우선순위입니다. 미국도 한국도 식량과 안보를 제공할 의향을 보이고 있지 않습니다. 그런 의미에서, 두 가지 선택지만 남습니다. 중국 아니면 러시아. 중국의 위치를 볼 때, 김정은이 중국과 러시아를 대립시키고 있다고 보는 이유입니다. 중러 동맹에 대한 긍정적인 언론 발표에도 불구하고, 중국 외무성의 대변인은 중러 관계가 주요 세력 간 관계의 훌륭한 모범사례라고 말했습니다. 여기에 대한 긍정적인 답변에도 불구하고, 저는 여전히 상당수의 중국의 분석가들과 실무 관료들은 깊이 뿌리 박힌 러시아에 대한 의혹을 갖고 있다고 믿습니다.

　제 세 번째 요점은 한중 관계와 관련 있습니다. Susan Rice의 연설과 서류들을 보건대, 미국은 현재 자신의 동반자들의 실력을 쌓는 것을 강조하고 있고, 이것은 한국과 일본이 국방에 더 돈을 쓰기 바라는 미국의 기대로 반영되고 있습니다. 이것은 한국과 중국 사이의 잠재적인 이슈가 될 수 있습니다. 만약 한국이 자신의 안보 실력에 지출을 늘린다면, 중국은 성장하는 한중 경제 협력을 볼 때 이것이 정당하지 못하다고 느낄 것 입니다. 하지만 국가 안보 서류에는, 미국이 선제 혹은 합동 (군사)활동보다 실력 쌓기를 우선시할 것이라고 다시 한번 강조하고 있습니다.

　제 마지막 요점은 일본에 관한 것입니다. 우리가 중국, 미국, 한국에 대해 이야기한 이상 일본을 지나칠 수는 없지요. 한국과 중국 둘 다 일본을 싫어하기 때문에 양국이 굉장히 친밀한 동반자가 되어가고 있다는 강한 주장을 할 수도 있습니다. 이런 의미에서 일본은 (한국과 중국) 두 나라 사이를 가깝게 만드는 의도치 않은, 긍정적인 역할을 하고 있습니다. 하지만 중국과 한국의 경제 협력을 볼 때, 사람들은 일본이 악당으로 남아있는 한 두 나라가 아마 정치적인 신뢰도 쌓아나가리라고 자동적으로 추측할 것 입니다. 저는 반대 의견입니다. 한국으로 오는 중국인 관광객이 두 배로 늘었고 한국 드라마가 중국에서 점점 더 많은 인기를 누리고 있지만, 정치적인 단계의 신뢰는 여전히 요원한 것입니다.

• **SEO**

　미국과 중국 사이 핵문제의 아웃소싱이나 러시아와 중국 사이의 분열 같은 굉장히 중요한 이슈를 지적해주셨는데요. 저는 북한이 1960년대 후반에 번영할 수 있었던 이유는 중국과 소련의 갈등으로 인해 중국과 러시아 모두에게서 지원을 받을 수 있었기 때문이라고 생각합니다. 김정은이 상황을 이용하고 있는 듯하군요. 그리고 공통된 악으로서의 일본이라는 훌륭한 분석도 있었습니다. 굉장히 흥미롭군요. 다음 패널리스트, Gregory Moore로 넘어가겠습니다.

• **MOORE**

무엇이 한반도의 국제 관계에 영향을 주는지에 대해, 7 항목으로 된 리스트를 만들었습니다. 남북한 국내 정치의 경향, 기근 같은 남북한의 경제 경향, 남북한 양자 관계의 경향, 한일 관계의 경향, 일본과 북한 관계, 그리고 중국과 남북한이나 미국과 남북한 같은 다른 양자 관계들, 그리고 마지막으로 중미 관계입니다.

이것들은 모두 한반도의 국제 관계에서 일어나는 일들에 영향을 줄 수 있습니다. 저로서는 첫 번째 항목이 가장 중요합니다. 남한과 북한의 국내 정치 트렌드 말입니다. 비유들을 빌려서, 김대중의 햇볕정책과 이명박의 먹구름 사이의 차이를 보면 그 둘은 완전히 다릅니다. 다른 아이디어, 다른 사람, 다른 (국내) 정책들은 모두 다른 대북정책에 관여합니다. 북한도 마찬가지입니다. 김정일도 시기에 따라 햇볕과 먹구름을 보였죠. 김대중과는 항상 햇볕이었습니다. 한편 이명박에게는 그다지 희망적이지 않았죠. 이제 그 아들이 권력을 잡고 나서 마찬가지로 여기저기 돌아다녔습니다. 아마도 햇볕보다는 먹구름이 많을 거에요. 또한 북한의 국내 정책도 상관이 있습니다. 북한이 무엇을 하고 있고, 그들이 무엇을 원하는가? 그들이 안 하기로 하면 핵무기를 추구하지 않을 수 있습니다. 그렇게 하면 미국이나 중국과의 관계도 조금 더 수월해지겠죠. 핵무기를 얻고자 하는 그들의 관심을 보건대, 주로 안보 딜레마 문제일겁니다. 그들은 리비아가 핵을 포기하면서 어떻게 되는지 보았고 마찬가지로 핵을 포기한 우크라이나로부터 교훈을 얻었습니다. 여기서 얻을 수 있는 교훈은 핵무기를 구할 수 있다면 핵무기를 구해야 한다는 것입니다. 현실주의 학자가 아니어도 이건 알아차릴 수 있죠. 그들이 핵무기를 원하는 두 번째 이유는 국내 정치에서 지도층을 끌어올리기 때문입니다. 지도부가 유능하고 국가가 독립강국이라는 것을 국민들에게 보여줄 수 있습니다. "세계의 강대국들 만이 이것을 할 수 있었다. 우리는 가장 작은데도 불구하고 특별하기 때문에 할 수 있었다." 북한에서는 조선만이 독특하다는 서사가 진행되고 있고 그것은 지도부에게 중요합니다. 남북한 관계의 경향은 국내 정치와도 연관되어있기 때문에 당연히 중요합니다. 또한, 남북한과 미국 관계의 경향 그리고 미국의 국내 정치도 그렇습니다. 2001년, George W. Bush가 집권했을 때 햇볕(정책) 대신 비를 퍼붓는 것을 택했는데 다르게 선택할 수도 있었습니다. 그가 2001년에 다른 선택을 했다면, 사안이 다른 방향으로 흘러갔을 수도 있겠죠. 확실하진 않지만 어쩌면 핵실험이 뒤따르지 않거나, 몇 년 정도 지체되었을 수도 있겠죠. 미중관계도 영향을 주지만 그렇게 크지는 않습니다. 만약 미국과 중국 사이가 정말 나빠진다면 그러면 남북한이 대리전을 치를지도 모릅니다. 하지만 미국과 중국이 그저 경쟁할 때는, 한반도 문제는 탁상에 놓인 많은 문제들 중 하나입니다. 저는 중미관계 자체가 남북한 관계의 주요인이라고 생각하지 않습니다. 저는 미국과 북한이 두 개의 문제가 있는 안보 딜레마에 놓여있다고 생각합니다. 한반도 문제를 언급하는데 하나의 문제는 서로 다른 이해관계가 위험해진다는 것입니다. 남한과 북한에게는 아마 통일이 가장 큰 문제일 테고 다른 정권 종류와 그들의 형태, 상호 신뢰의 부족이 있습니다. 미국에게는 핵문제와 동맹국인 남한의 안보가 두 개의 이슈입니다. 정말로 미국을 위협하는 것은 아마도 핵문제일 것입니다. 미국이 핵확산을 걱정하기 때문이죠. 북한은 확산 전과도 있고 많은 핵 분석가들은 리비아가 포기한 것(핵무기)이 북한과의 관계에서 나온 것이라고 생각합니다. 여기에는 근거가 있는데, 리비아에서 나온 핵물질의 DNA는 다른 어느 나라의 핵물질의 DNA와도 일치

하지 않았습니다. 그러니 이스라엘 아니면 북한인데, 이스라엘이 그런 것을 리
비아에게 줬을 리는 없습니다. 그러므로 제 결론은 리비아가 받은 도움의 일부
는 북한에서 왔다는 것입니다. 일본에게는 납치 문제가 북한 문제에 있어서 큰
이슈였고 중국의 이해관계는 대체로 안정이지만 핵문제도 있습니다. 왜냐하면
중국에게 굉장히 불리한 군비경쟁을 촉발시킬 수 있기 때문입니다. 일본의 우익
들에게 정상국가 서사나 심지어 핵무장을 밀어붙이는데 더 많은 영향력이나 더
좋은 설득력을 줍니다. 핵무장은 어려울 것 같지만 말입니다. 이 세력들이 모두
한반도에 다른 이해관계를 갖고 있기 때문에 이해관계의 합류가 일어나고 어떻
게든 모두가 만장일치할 수 있는 해결책에 이를 것이라는 희망적인 전망이 있습
니다. 미국과 한국에서는 매파와 비둘기파가 (번갈아 가며) 당선되고 북한의 산
과 골짜기, 햇볕과 먹구름 등등 때문에 항상 어려웠습니다. 아직 때가 무르익지
않아서 우리는 좋은 해결책을 찾아내지 못했습니다. 두 가지 주 요인은 북한의
규제와 천안함이나 연평도 같은 일을 벌이지 않고 남한과 화해, 교역을 하고,
2000년대 초반으로 돌아가서 햇볕시절을 누리기 위한 노력을 하기로 북한이 결
정하는 것입니다. 그곳이 중요한 시작점일 것입니다. 저는 중국이 조금 더 압력
을 가할 수 있다는 데에서 Dingding과 동의합니다. 저는 분위기가 소극적이든
적극적이든 중국이 그것을 하고 있었다고 생각합니다. 제 불길한 예고에도 불구
하고, 이것은 미국과 중국이 협력할 수 있는 영역입니다. 이 이슈에 많은 공통된
이해관계가 걸려있기 때문이죠. 둘 다 핵이 있는 한반도를 보고 싶어하지 않습
니다. 저는 미국이 인정하는 것보다도 중국이 많은 것을 했다고 봅니다. 저는
미국이 중국의 영향력을 과대평가한다고 봅니다. 북한은 큰형이자 좋은 친구인
중국으로부터라도 간섭을 받는 것에 대해 굉장히 저항합니다. 북한과 중국의 관
계는 경직되어있고 그 사이의 신뢰는 아주 적습니다. 중국이 계속해서 북한에게
압력을 넣을 수 있다면 좋습니다. 하지만 궁극적으로는 우월한 군사력으로 인해

미국이 패를 들고 있습니다. 저는 북한과 거래를 할 수 있는 미국 지도자의 필요성에 대해 논문과 일 년 전에 출간된 책을 썼습니다. 아마 공화당 출신이어야 할 것입니다. 닉슨이 냉전시절 신임을 쌓았기 때문에 중국과 거래를 할 수 있었던 것과 마찬가지입니다. 존슨이나 케네디 같은 사람이 마오쩌둥에게 그런 제안을 했더라면 빨갱이, 공산당 프락치라고 불렸을 것입니다. 하지만 닉슨에게는 아무도 그렇게 말할 수 없었기 때문에 그는 중국과 개방할 수 있었습니다. 같은 방식으로, 저는 오바마 대통령이 최근에 쿠바를 통해 올바른 방향의 움직임을 몇 가지 보여줬다고 생각합니다. 쿠바를 50년 동안 고립시키는 것은 솔직히 별로 한 게 없기 때문에 저는 오바마 대통령의 움직임이 현명했다고 생각합니다. 앞으로 나아갑시다. 저는 북한에 대해서도 마찬가지로 생각합니다. 미국은 항상 비핵화를 최우선시하고 그 다음에 국교정상화와 더 나은 관계에 대해 이야기하자고 했습니다. 하지만 북한은 그렇게 하지 않을 것입니다. 그러니 미국이 사안들을 뒤집어서 "진짜 조약을 체결하고 한국전쟁을 끝맺자. 중국과 미국이 1970년대에 한 걸 하자. 서로를 인정하고 존중하자. 서로의 나라에 대사관을 열고 진심으로 평화조약을 체결하자."라고 말하기로 결정할 수 있다고 봅니다. 북한은 진심을 얻어내기 위해 별로 한 게 없으니 이것은 미국 쪽에 더 많은 신뢰를 요구합니다. 이게 효과가 없고 북한은 여전히 핵개발을 추진할 수도 있습니다. 하지만 미국이 이런 노력을 한다면 이후에 중국이 미국의 압력을 버티기가 어렵겠죠. 미국은 이렇게 말할 것입니다. "우리가 지금까지 한 게 얼마인데 저들은 아직도 핵무기를 실험하고 똑같은 것을 하고 있네. 그럼 이제 저들에게 더 많은 압박을 가하기 위해 국제 협약이 더 필요하겠지." 저는 희망적이지 않습니다만, 어쩌면 북한이 실질적인 핵무기 보유 국가가 되는 궤도에서 벗어날 수도 있습니다. 안보 딜레마가 정말 이슈라면, 미국이 오바마 대통령이 말했듯이 움켜쥔 주먹 대신 펼쳐진 손을 내밀 수 있다면, 북한이 벼랑 끝(전략)에서 되돌아오는 결정을 하는데 도움이 될 수 있습니다. 저는 이게 시도해 볼만 하다고 생각합니다. 그리고 이건 제가 미국에게 하는 조언입니다. 저는 이렇게 함으로써 북한에게 상당히 어색한 자리를 마련해 주는 것이라고 생각합니다. 그것은 미국이 북한의 허풍을 날려버리기 위한 일종의 수동적 공격 같은 것이죠. "너는 이 말을 오래 도록 해왔지. 더 나은 관계를 원한다고? 자, 우리가 기회를 줄게. 네가 합리적인 국가가 될 수 있다는 것을 우리 모두에게 증명해봐." 이걸 시도해봅시다. 다른 건 다 해보았는데 효과가 없어요. 전략적 인내는 제가 보기에는 전략적 방치입니다. 아무것도 안 하면, 핵 능력이 있는 북한의 위험은 자라기만 할 것입니다. 그러니 저는 기다리는 것이 좋은 선택지라고 생각하지 않습니다. 그리고 북한을 공격하는 것은 선택사항이었던 적이 없습니다. 우리가 지금 앉아있는 곳(서울)이 북한과 35마일 거리 밖에 안 된다는 현실 때문이죠. 그러니까 우리는 북한과 무언가 새로운 것을 시도해보아야 합니다. 그게 제 조언입니다.

• SEO

제가 사무실에 앉아있을 때, 탄도 규모를 계산해보았는데, 제 사무실은 뒷산이 있어서 안전하더군요. 한 가지 빼놓으신 점은 북한이 자신의 연기에 문제가 있으면 우려를 한다는 것입니다. 사담 후세인도 사라졌고 카다피도 사라졌죠. 핵무기가 없으면 후세인과 카다피의 운명을 따라갈 것이라는 큰 교훈을 얻은 셈입니다. 이는 지난 20여년 동안 그들이 배운 모순적인 교훈이죠. 또 북한을 대담하게 인정하는 미국의 움직임을 요구하셨는데, 이 아이디어는 전례가 있다고 생각합니다. 처음으로 이 이슈를 제기한 것은 1971년 당시 김대중 대통령 후보였습니다. 그가 제안한 것은 상호 인정이었죠. 소련과 중국이 남한을 인정하고, 일본과 미국이 북한을 인정하는 것입니다. 저는 중국뿐만 아니라 모두들 한중 수교가 일어난 1992년에 또 다른 큰 기회를 놓쳤다고 생각합니다. 일본과 미국이 북한을 인정하는 움직임에 대해 조금 더 고려를 했더라면, 핵무기 개발 이전에, 김일성 아직 살아있고 정권을 확실히 잡고 있었을 때 기회가 있었을 것입니다. 그 두 번째 기회를 놓치고 나서 오늘날까지 출구전략이 없습니다. 마지막으로, Zhang Baohui 선생님께 부탁드립니다.

• **ZHANG**

다른 패널 분들은 북한 문제에 대해 무엇을 할 수 있는지에 집중하셨는데, 저는 본래의 테마에 치중하겠습니다. – 한반도와 남한에게 미중관계가 미치는 영향. 저는 실제로 남한이 지속된 중미경쟁에서 이익을 봤다고 생각합니다. 물론 최악의 시나리오, 미국과 중국 사이의 전쟁은 한국에게도 나쁩니다. 중국과 미국이 직접적인 마찰에 연루된다면 미국의 동맹인 한국의 입지는 굉장히 곤란해집니다. 그때 한국이 중국과 싸울 의향이 없다면 한국의 (동맹관계에 대한) 의무는 불확실할 뿐만 아니라 한국의 국익에 치명적이 됩니다. 다행히도, 제가 지난 세션에서 말했듯이, 전쟁 시나리오는 극히 한정되어 있고 저는 그렇게 될 전망이 없다고 봅니다. 그러니 중미관계의 맥락에서 한국에게 최악의 시나리오는 떼어낼 수 있겠군요. 현재의 시나리오는 평화로운 경쟁입니다. 중국과 미국은 모두 공격적인 현실주의(offensive realism)를 실행하고 있습니다. 그들은 둘 다 세계의 지도자 지위를 얻으려고 하고 있죠. 그러므로 그들은 전략적 라이벌이지만 대체로 평화롭다는 점이 바로 한국에게 이익을 가져다 줍니다. 왜냐하면 중국은 남한의 충실한 지지를 얻기 위해 경쟁해야 하기 때문이죠. 그러니 최근의 아주 좋은 한중관계는 중미경쟁의 직접적인 결과입니다. 2010년 이전에 한중관계는 그다지 좋지 못했습니다. 둘 사이의 모든 의견과 상호 감정은 상당히 안 좋았죠. 이명박 정부는 고전적인 균형 전략을 추진했고 한미동맹에 기대서 중국의 부상에 대비하려고 했습니다. 중국은 이명박을 매우 의심스러워했고 그를 좋아하지 않았습니다. 하지만 바로 미국이 중국의 증가하는 영향력을 제한하기 위한 전략적 경쟁의 자세로 아시아 회귀 정책(Pivot to Asia)을 시작했기 때문에 그 관계는 더 나은 방향으로 돌아섰습니다. 맥락상, 중국이 공격을 개시해야 했고 중한관계는 개선되었습니다. 시진핑 주석이 집권하기 시작했을 때, 그는 소위 "미국의 회귀에 대응"하기 위해 한중관계를 강화할 방안을 취했습니다. 중국은 군사적 대응으로 반격을 하는 것이 아니라 미국의 회귀를 비껴가기 위해 유화적인 전략을 택했죠. 이런 전략 중 하나는 주변국가들과의 관계를 강화함으로써 미국이 해당 지역에 영향력을 강화할 목적으로 회귀할 기회를 주지 않는 것입니다. 이런 맥락에서, 한국은 중국과 미국의 전략적 경쟁에서 득을 보았죠. 중국이 선호하는 정책 도구는 경제적인 무기입니다. 이런 맥락에서 중국은 중미 자유 무역 논의를 가속하기 시작했고 이는 한국에게 어마어마한 이익입니다. 오늘날, 양국의 경제 관계가 깊어졌을 뿐만 아니라, 한국은 크게 성장하고 있는 무역 수지를 축적하고 있습니다. 그러니까 이것은 한국이 중-미의 전략적이지만 평화적인 경쟁에서 얻은 하나의 직접적인 이익입니다. 두 번째 이익은 중국이 북한을 처벌하고자 하는 압력이 커졌다는 것입니다. 중국인들은 북한이 남한에게 위협이 된다는 것을 완전히 이해합니다. 그래서, 다르게 설명할 수도 있겠지만, 근년에 북한의 도발에 대한 중국의 응답은 한층 격앙되었습니다. 중국은 남한을 기쁘게 하기 위해 북한을 처벌하고 싶어합니다. 시진핑의 정책은 두 가지 결과를 낳았습니다. 시진핑은 북한을 처벌하기 위해 전례 없는 수단을 씀으로써 추가적인 도발행위를 효과적으로 저지해냈습니다. 그러니 우리는 연평도 같은 사건을 다시는 못 볼 것입니다. 그렇다고 해서 중국의 정책이 북한이 핵무기를 포기하게 만들었다는 것은 아닙니다만 적어도 북한이 남한에 대한 추가적인 도발 행위를 하지는 않을 것입니다. 중국이 모든 것을 끊을 거라는 걸 알기 때문이죠. 두 번째 결과는, 중국의 처벌 덕분에, 북한은 외교관계를 다각화할 수 밖에 없게 되었습니다. 한국에게 이익이 되는 중국 정책의 직접적인 결과입니다. 이것은 위험 분산 전략(hedging)의 핵심 외교정책이기 때문에 저는 김정은이 진심으로 다른 나라들과의 관계를 개선하고자 한다고 생각합니다. 중국이 한국 편을 드는 것이 인센티브가 있다는 점이 한국에게 이점으로 작용했고, 한국은 중미경쟁의 수혜자가 되었습니다.

　다음 질문은 중미경쟁의 영향을 어떻게 다루냐는 것입니다. 어려운 균형잡기입니다. 왜냐하면 한국은 안보가 필요하고 미국과의 동맹만이 그것을 제공할 수 있기 때문입니다. 다른 한편으로 중국에게는 경제적으로 의존하기 때문에 미국과의 관계를 또 다른 사안으로 만듭니다. 한국이 어떻게 이 둘 사이의 균형을 잡을 수 있을까요? 깊은 경제협력을 하는 중국과의 좋은 관계와 미국과의 안보동맹. 제 생각에는 한국이 이 둘을 균형잡기란 몹시 어렵습니다. 한 가지 조언은 한국이 중국의 핵심 이해관계를 자각하고 있어야 한다는 것입니다. 한국이 안보를 위해 미국과의 동맹을 강화하는 것은 정당합니다. 그러나 상호 간의 군사협동은 중국의 이해관계를 해치고 위태로운 순간을 조성할 수 있습니다. 한국이 어떻게 이 문제를 해결할 수 있을까요? 한국의 공식적인 답변은 아직 (이 문제를) 고려하지 않았다는 것이지만 이미 한국 내에서 심도 있게 논의되었습니다. 여러분(한국사람들)은 이 안보 문제와 중국의 우려에 대해 다른 의견을 갖고 있습니다. 한국이 이것들을 균형잡기란 굉장히 어렵습니다. 하지만 다행히도 일본 덕분에 한국이 중국과의 (경제) 관계 대신 미국과의 동맹을 선택하더라도, 중국과의 관계가 입는 손상은 제한될 수 있습니다. 저는 중국이 일본을 미국보다 더 큰 위협으로 봄으로써 미국이라는 요소를 대체한다고 봅니다. 미국은 거대 세력이지만 더 작은 세력인 일본에 비해서는 작은 위협으로 여겨지고 있습니다. 그런 맥락에서 중국과 한국 사이에는 공통된 전략적 협력의 또 다른 면이 있습니다. 만약에 전쟁이 일어나더라도 한중관계에 미치는 악영향은 한정될 것입니다.

중국이 더 넓은 전략적인 그림이 없기 때문입니다. 이것은 한국에게 다행인 점이고 조정할 여지가 있습니다.

· **Jung-min Seo**

　감사합니다. 사실 많은 이들이 미-중 간의 협력이 한국에게 영향력이나 선택권을 주리라고 믿는데, 방금 정반대의 주장을 굉장히 설득력 있게 해주셨습니다. 저는 패널 분들께 일본에 대해 어떻게 생각하시는지 묻고 싶습니다. 일본은 동아시아 안보 문제에서 점차 중요해지는 국가인데 어떨 때는 일본 문제를 간과합니다. 두 번째 질문입니다. 미중관계의 한반도에 미치는 영향을 분석할 때, 미중관계는 대체로 독립 변인으로, 한국은 종속 변인으로 간주됩니다. 이걸 반대로 생각해서 남한을 동아시아 안보 구조나 이 지역의 미중경쟁에 일종의 영향을 주는 독립 변인으로 이해하거나, 남한의 특정한 정책이 이를 나은 방향으로 유도할 수 있는지 묻고 싶습니다. 세 번째 질문은 대부분의 중국인들이 이제는 북한을 골치 아픈 가난한 독재국가로 본다는 것에 대한 코멘트 입니다. 대부분의 한국인들도 북한을 그렇게 보고 중국을 위협으로 여깁니다. 대부분의 중국인들은 일본이 위협적이라고 믿습니다. 이런 대중적 이미지, 담론, 그리고 대중적 이해가 외교 정책에 실질적인 영향을 줄까요? 중국인들의 90%는 일본을 싫어합니다. 이것이 중국 외교 정책 입안에 의미가 있는 건가요? 아니면 완전히 다른 문제인가요? 정부에 의해 조작된 것인가요? 대중의 인식은 중요한 문제일 수도 있습니다. 저는 동아시아에서 민족주의의 부상이 우려가 되기 때문에 이 문제를 제기하는 것입니다. 일본의 우경화, 한국의 민족 위주의 정치 담론이 있습니다. 그리고 중국에서는 5세대 지도자들이 중국사회에서 민족주의 담론이 대중화된 1980년대 90년대에 대학을 다녔으니 새 지도부는 더 적극적이고 민족주의적으로 세계질서를 이해할지도 모르겠습니다. 이

세 질문을 답해주셨으면 합니다..

• ZHANG

  마지막 질문을 가장 먼저 답변하겠습니다. 제가 보기엔, 1990년대 이전에는 중국이 덜 민족주의적이었다가 이후로 민족주의가 중국 외교정책을 이끌었다는 식의 잘못된 외부의 담론을 말씀하신 것 같습니다. 저는 그것과 완전히 반대합니다. 그것은 부분적으로 서양에서 유래하고 부분적으로 일본에서 유래하는데, 권위주의적인 중국 정권이 90년대부터 그 정당성을 잃기 시작하면서 국가 통치를 위해 민족주의를 이용했다는 것입니다. 이건 말도 안 되는 소리에요. 저는 지난 세대에 성장했는데 저희도 일본의 전쟁 만행에 대한 모든 걸 배웠습니다. 가장 어리석은 일본 측의 해석 중 하나가, 예전 세대는 남경 학살에 대해서 잘 몰랐고 90년대에 대학을 다니기 시작한 사람들만 그것을 안다는 겁니다. 말도 안 되는 소리고 전혀 사실이 아닙니다. 그러므로 저는 그 담론을 완전히 부정하겠습니다. 이건 또 국가 수준 분석입니다. 권위주의적인 정권의 특성으로 외교정책 성향을 예상하려고 하는 거죠. 권위주의적이라면 정당성이 없을 테니 집권하기 위해 민족주의를 부추겨야 한다. 서양과 일본 해석에서 보이는 클리셰입니다. 저는 민족주의자들이 정치를 이끌지 않는다고 봅니다. 1980년대 동안, 일본과 중국은 상호 간의 호감이 매우 높은 예컨대 신혼생활을 했어요. 2006년 이후, 후진타오와 원쟈바오 정부가 평화주의적인 대일정책을 추진하였고 민족주의라는 장애물을 극복했습니다. 그들은 공동 역사 교과서를 편찬하자는 아베의 요청에 응했습니다. 그들은 일본의 수정주의적인 의도를 수용하고 일본에게 역사를 수정할 기회를 주었습니다. 일본은 선을 넘었고 교과서는 중국에서 출판되지 않았죠. 2009년에 후진타오 정부는 동중국해의 천연가스전(田)에 대해 합의를 할 수 있었어요. 그러니까, 중국의 지도권은 민족주의에 의해 좌우되지 않습니다. 이는 그저 서양의 오래된 클리셰입니다.

• MOORE

이 서양의 담론을 가장 유명하고 가장 잘 풀이한 버전은 중국 본토에서 태어난 Seton Hall의 Wang Zheng교수입니다. 그를 추천하는 이유는 제가 Zhang이 말한 것을 완전히 반대하기 때문입니다. 저는 구성주의자로서, 민족주의 담론이 정말 중요하다고 생각합니다.

• ZHANG

하지만 당신은 1990년대 이전의 중국에 살지 않았고, 우리가 무엇을 거쳐왔는지 모르니까 두 시기를 비교할 수 없어요.

• MOORE

중국인이 일본에 대해 기분 나빠할 이유가 없다고 주장할 사람은 없다고 봅니다. 저는 미국인이고, 저는 일본이 역사 문제를 다루는 방식이 좋지 못하다고 봅니다. 저는 보통 논의에서 중국 편을 듭니다. 일본은 역사 문제를 끔찍하게 다뤘어요. 그러니 중국은 화를 낼 이유가 있고, 저는 그것을 갖고 논쟁하지 않겠습니다. 하지만 저는 중국이 애국주의 교육 운동 이후로, 외교정책을 좌우하는 독립변수가 되어버린 프랑켄슈타인 괴물을 창조했다고 생각합니다. 중국 정부가 반일영화 방송 같은 온갖 반일주의에 대응해야 하는 때에 약간 통제불능이 되는 거죠. 중국에 가서 공영 방송국에서 운영하는 70여개 채널 중 아무거나 틀어보세요. 당신은 반일 전쟁영화를 하루 중 어느 때나 찾을 수 있을 겁니다.

• **ZHANG**

중국인들은 그걸 순수한 엔터테인먼트로 봐요. 그런 우스꽝스러운 영화들을 보고 웃습니다.

• **MOORE**

이것을 가장 잘 풀이해놓은 Wang Zheng을 읽으세요. 저는 이 책이 굉장히 설득력 있다고 봅니다. 2012년에 컬럼비아 대학교 출판사에서 나온 Never Forget National Humiliation이라는 책입니다. 훌륭한 책이죠. Zhang은 여기에 완전히 반대하겠지만 훌륭한 책이고 Wang의 주장은 이 반일주의가 조작된 이유는 자기 사람들로부터의 정당성이 결핍된 불안정하고 연약한 공산당에 대한 지지를 끌어올리기 위해서라는 것입니다. 공공의 적이 필요한 거죠. Baohui 는 이걸 클리셰라고 하지만 저는 거기에 어느 정도의 진실이 있다고 봅니다. 그리고 그 책을 여러분에게 추천합니다. 오늘날 중국에서 대중의 여론은 중요해요. 전보다 훨씬 더 말입니다. 국가가 모든 걸 통제하죠. 중국은 세계 최고의 사이버 봉건국가입니다. 북한은 인터넷이 없다시피 하기 때문에 그 이익을 믿지 않죠. 중국은 개방을 정말 잘했지만, 한편으로는 국가가 여전히 그 담론을 통제하고 있습니다. 하지만 이젠 그들조차도 모든 걸 통제할 수는 없습니다. 그러니 이것이 중국 국가가 직면한 위험입니다. WeChat, 웨이보, 그리고 다른 데서 일어나는 토론들은 통제를 벗어날 수 있습니다. 그러니 공산국가 중국에서 대중 여론이 전례 없는 수준으로 의미 있게 된 것입니다. 저는 우리가 이것을 진지하게 받아들여야 한다고 생각하고 한국이나 일본에서도 마찬가지라고 생각합니다.

일본 이슈에 대해서는, 아베 (총리)의 부상이 한국과 중국을 하나로 묶어주었다고 생각합니다. 꽤나 뻔하죠. 하지만 민주주의의 역할은 국내 정치와 정권 타입에 있습니다. 일본은 민주주의 국가입니다. 아베가 총리로 당선되었지요. 제가 이것에 대해 일본에서 조사를 해보지는 않았지만 추측하건대 그의 민족주의적인 발언에 모두가 동의하는 것은 아닐 겁니다. 그리고 아마 대다수가 그의 (역사)수정주의적인 사고에 동의하지는 않겠지요. 하지만 후보를 뽑을 때, 한 가지 이슈만 보지는 않습니다. 대체로 경제적인 이유로 투표를 합니다. 왜냐하면 전 내각이 잘 못했거든요. 그래서 자민당이 경제 성장에 더 신뢰가 있었던 겁니다. 최선책은 아니었을지 몰라도, 나머지 선택지들보다는 낫기 때문에 그에게 표를 던진 겁니다. 민주주의가 그렇게 작동하거든요. 그리고 이제 한국에서는 박근혜가 대통령인데 그녀는 일본을 대하는 자신만의 독특함과 역사를 갖고 있죠. 그녀는 이 나라에서 가장 반일주의적인 지도자입니다. 그리고 그것은 그저 현 상황의 복합적인 결과물이죠. 미-일-한 안보 협력을 복잡하게 만들고, 틀림없이 미국의 정책 입안자들을 골치 아프게 한다고 생각합니다. 하지만 그것이 민주정치의 현실이에요. 우리는 그것을 다뤄야 합니다. 저는 중국에게 일본이 미국보다 더 큰 안보 위협이라는 데에 동의하지 않습니다. 저는 여전히 중국에게는 미국이 위협 1순위로 보여진다고 생각합니다. 저는 중국이 안보 위협으로써의 일본을 굉장히 저평가한다고 보는데, 일본은 세계 4위의 군비 지출을 할 뿐만 아니라 굉장히 잘 갖춰진 정예 군대를 보유하고 있죠. 중국의 안보 관료들은 항상 일본의 힘을 저평가합니다. 미국이 개입하지 않더라도 일본은 매우 가공할 세력이라고 봅니다. 그리고 저는 지금까지 그 실제 능력치에 맞춰서 일본의 군사력을 인정하는 중국인을 보지 못했습니다. 그러므로 저는 중국이 일본의 위협을 저평가한다고 봅니다.

· **CHEN**

저는 이번에는 Zhang과 조금 더 동의하도록 하겠습니다. 중국의 민족주의 담론이 잘못 이해되고 있다고 생각합니다.

· ZHANG

서양이 생각하는 중국이죠.

· CHEN

서양인지 일본인지, 저는 확실히 모르겠습니다. 하지만 저는 실증적인 근거가 있습니다. Wang Zheng의 책은 좋은 책이지만 훌륭한 책은 아닙니다. 실증적인 뒷받침이 없기 때문이죠. 저는 지난 몇 년 간, 애국주의 교육이 중국 청소년들에게 실제로 영향을 준다는 바로 그 주장을 시험하기 위한 설문조사를 해왔습니다. 우리는 중국 고등학교 학생들을 조사했죠. 놀랍게도 우리는 거의 영향이 없다시피 하다는 것을 찾아냈습니다. 이 같이 정부가 지원하는 애국주의 교육은 영향이 없습니다. 가족환경과 교육이 영향이 있었죠. 기본적으로 고학력자라면 그런 교육을 받아들일 가능성은 낮습니다. 가족 중에 당원이 있다면, 애국주의 교육을 받아들일 가능성이 높았죠. 그러니까 이건 좋은 소식입니다. 청소년들은 로봇 같은 게 아니에요. 그들은 당이나 국가가 내보내는 정보를 무분별하게 받아들이지 않죠. TV 프로그램들은 우스꽝스러워요. 그런 TV 프로그램들의 힘을 과대평가하지 마세요. 저희 아버지 세대는 그런 종류의 프로그램을 좋아하시지만, 우리는 중국의 젊은 세대들의 비판적 사고를 저평가해서는 안됩니다. 그들은 국가의 프로파간다를 받아들이지 않아요. 대부분의 중국인들은 일본을 싫어하지만 그렇다고 해서 일본과 전쟁을 하겠다는 것은 아닙니다. 평화적인 수단을 선호하죠. 댜오위 섬 문제에 있어서도 전쟁을 선호하지 않고 평화적인 해결책을 선호합니다. 일본을 싫어하는데도 말이에요. 그러니 우리는 그 이미지를 바로잡아야 합니다. 조사 결과에 따르면 물론 중국은 일본과 북한을 굉장히 싫어합니다. 그럼에도 우리는 여전히 협력에 대해 말할 수 있죠.

• **SEO**

그렇다면 중국에서 대중적 정서와 외교정책 입안은 전혀 다른 거라고 이해해도 될까요?

• **ZHANG**

그것은 국가의 자치권 문제입니다. 민주주의 국가들도 상당한 정도의 국가 자치권이 있죠. 중국의 대일정책이 국내 민족주의로 결정된다는 것은 전혀 사실이 아닙니다.

• **SEO**

그러니까, 대중 정서에 의해 결정되는 것이 아니라 중국공산당이 자율성이 있다는 건가요?

• **ZHANG**

확실히 민주주의 국가들보다는 더 많은 자율성을 갖고 있죠.

• **CHEN**

중국에서 반일 시위를 조직하려고 하면 체포당합니다.

• **ZHANG**

맞아요.

• **XIE**

저는 이 반일 혹은 반미감정에 대해 몇 마디하고 싶습니다. 어느 나라든 이중적인 사고를 가진 집단이 있다고 생각합니다. 많은 중국 젊은이들은 미국을 싫어합니다. 그들은 1999년의 대사관 폭탄 사건에 대해 시위를 했습니다. 하지만 바로 다음 날에 비자 신청하러 미국 대사관에 갔어요. 저는 일본에서 쇼핑을 하는 것도 똑같이 말할 수 있다고 봅니다. 춘절 휴가 기간 동안, 일본을 방문하는 중국인 관광객 수는 다른 한 달 동안의 방문객 수 보다 많습니다. 그 6일 간 일본에서 쓰는 돈이 60억 RMB을 넘어요. 여론조사를 보면, 중국인들은 일본에 대해 굉장히 낮은 선호도를 보이지만 또 중국인들이 하는 행동을 보세요. 중국의 몇몇 온라인 비평들이 중국인들의 행동을 묻습니다: 한편으로는 일본이 나쁘다고 말하면서 또 한편으로는 엔저현상 때문에 일본으로 몰려가서 압력밥솥을 사죠. 저는 이게 이중적인 사고라고 생각합니다. 제 마지막 코멘트는 한국을 독립변수로 다루고 미중관계를 종속변수로 다루는 것에 관한 것입니다. 지금까지, 2010년 천안함 사건 같은 사례들은 많이 있었다고 봅니다. 한반도에 긴장이 감돌 때, 거의 불가피하게 미국과 중국 사이의 관계도 나빠졌습니다. 미국은 중국과 그 동맹국 북한의 행동을 비난하고, 중국은 잠수함이 북한 어뢰에 의해 침몰되었다는 결정적인 근거가 미국에게 없다고 UN 안보회의에서 말할 것입니다. 한국을 독립변수로 다루면, 국가간 관계에 거의 항상 나쁜 영향을 미칩니다. 그리고 이 독립변수는 굉장히 예측 불가할 것입니다. 많은 경우, 김정은의 돌발행동에 기인하기 때문이죠.

• **ZHANG**

그건 흥미로운 이슈라고 봅니다. 전형적으로, 큰 세력이 작은 세력에게 영향을 줍니다. 그 반대는 아니죠. 바로 한국이 이 판도를 바꾸려 하기 때문에, 한국이 중미관계를 형성하는 데에 독립 변인이 되기는 굉장히 어렵습니다. 한국은 미-중 경쟁에 의해 자신의 운명이 좌우되는 것을 원치 않기 때문에 지역 정책에서 보다 의미 있는 actor가 되려고 하고 있습니다. 불편하니까 어느 편에 설지 정하고 싶지 않은 거죠. 그래서 한국이 무엇을 시도하죠? 중간 세력 전략 (middle power strategy)입니다. 한국은 호주나 인도네시아 같은 지역 상의 다른 중간 세력들과 연계하고 싶어합니다. 그들이 집단적으로 지역 사안에서 큰 역할을 맡고 큰 세력(great power)들 간의 관계를 형성하려는 거죠. 한국인 참가자가 어느 컨퍼런스에서 한국이 큰 세력의 정책을 형성하는 것이 가능한지 질문한 것이 기억납니다. 저는 아마 불가능할 거라고 답했습니다. 왜냐하면 역사적으로 큰 세력의 정책은 중간 세력에 의해 형성된 적이 없기 때문입니다. 항상 반대로 이뤄졌고 그것이 현실입니다.

• CHEN

Baohui와 다른 편을 들겠습니다. 저는 한국이 실제로 중국과 중미 경쟁에 영향을 주는 데에 중요한 역할을 맡아야 한다고 봅니다. 한국에게 최상의 전략은 중국과 더 협력하고 한반도의 안정성과 번영을 보장하는 것입니다. 첫 번째 이유는, 경제적으로, 중국이 한국에게 자본, 시장, 그 모든 것을 제공할 뿐만 아니라 북한에게도 부차적인 효과(spillover effect)를 줄 거라는 것이 중요하기 때문입니다. 그러니 남한이 특히 안보 영역에서 미국 쪽으로 너무 많이 기울지 않는 것이 중요합니다. 한가지 우려되는 신호는 THAAD 배치 가능성입니다. 미국은 그것을 강하게 원하지만 한국은 매우 조심해야 합니다. 저는 한국이 무조건적으로 중국 편을 들어야 한다고 말하는 것이 아닙니다. 그런 일은 일어나지 않을 테니까요. 하지만 두 세력간에 더 동등한 거리를 두는 것: 그것이 한국에게 최선의 전략입니다. 한쪽에 완전히 기대는 것은 좋지 않습니다. 또 다른 이유는 한국이 중일관계에서도 굉장히 긍정적인 역할을 할 수 있다는 것입니다. 그들은 둘 다 나름대로의 이유로 일본을 싫어하고 한국은 중국을 단순히 민주주의가 아니니까 신뢰하지 않는 다는 식의 이데올로기에 기반한 정책을 버려야 합니다. 그 사실은 중요한 이슈지만 삼각관계에 있어서는 상대적으로 중요하지 않습니다. 지금까지는 한국이 강하게 이데올로기에 치우친 생각을 보이지 않았다고 봅니다만 민주주의와 인권을 지나치게 홍보하는 길로 가지 않도록 주의해야 합니다. 그것은 이들 관계에 도움이 되지 않을 것입니다.

• SEO

사실 한국에서는, 중국에 대한 두려움은 독재나 권위주의적인 정권에 대한 것이 아니라 중국의 민족주의에 대한 것입니다.

• ZHANG

이것 또한 서양에서 나온 담론의 문제에요. 아마 흐려지고 있다고 봅니다.

• SEO

제가 기억하기로는, 가장 실증적인 사례는 2008년도 올림픽이었습니다. 중국인들이 서울 도심에서 시위를 벌였죠. 그 사건은 사람들이 10년 후에 어떤 일이 벌어질지 생각하는 데 큰 영향을 주었습니다. 자신이 큰 세력이 되더라도 선량한 세력이 될 것이라고 설득시키는 것은 중국의 책임입니다.

• ZHANG

반드시 그렇지는 않을지도 모릅니다. 한국인들은 대체로 강한 중국을 두려워해요. 하지만 자기 자신의 우려와 어떻게 타협하고 정당화하죠? 그들은 중국이 독재정권이라서 위험하다는 변명을 해야합니다. 한국인들이 중국 내부의 정권 성격을 두려워한다는 인상을 받음으로써 중국의 의도를 두려워하는 겁니다. 특히 민족주의적인 중국을요.

• **SEO**

사실 중국이 독재 정권이라는 것은 미국에서는 대중적인 담론이지만 한국에서는 그렇지 않습니다. 중국이 독재정권이라는 우려는 크지 않지만 중국이 팽창주의적이고 논란을 빚는다는 것을 우려하죠. 연세대학교의 젊은 중국인 학생들은 한반도 북부가 중국영토였다고 말합니다. 우리는 그게 두려운 거에요.

• **ZHANG**

하지만 다른 한편으로는 한국도 이중잣대가 있습니다. 한국의 운동선수들은 중국에서 열리는 경기에서 민족주의적인 표시를 보입니다. 중국인 운동선수가 그런 적은 한번도 없죠.

• **SEO**

앞서 말한 강대국으로서의 정체성과 중소국으로서의 정체성은 동일하게 여겨져서는 안됩니다. 그것들은 다릅니다. 미국인들이 미국은 그저 자신의 가치를 전세계에 유지하고 싶어한다고 말하는 것은 실제로 패권주의적입니다. 하지만 하와이 원주민이 자신들의 평화 의식이 만국공통이라고 하는 것은 그저 좋은 의식일 뿐이죠. 그것이 차이입니다. 같은 민족주의적인 담론도 매우 강한 이웃국가가 민족주의적인 관점을 내비친다면 위기의식은 훨씬 크죠.

• **CHEN**

미디어나, 학자들 중에서도 하나의 사건이나 정신 나간 소리를 하는 소수의 사람들을 과장하는 경향이 있습니다. 우리는 이를 경계해야 합니다. 그들은 화

제가 될지 몰라도, 공통된 중국의 정책을 대변하지 않습니다. 중국 정부는 그런 말을 다시 하기를 꺼립니다. 정신 나간 사람들은 아무 말이나 하겠지만 저는 그들에게 너무 많은 관심을 보일 필요가 없다고 봅니다. 그런 사람들은 항상 있기 때문이죠. 그런 사람들에게 너무 많이 그리고 너무 자주 집중하면 우리가 서로에게 갖는 인상을 왜곡할 것입니다.

• **ZHANG**

그것이 다른 나라의 의도를 국가 수준(state level)의 요소를 분석해서 이해하려는 것의 위험입니다. 항상 상대 국가의 악한 의도를 과장하게 돼요. 구조 수준(structural elvel)의 이슈에 주목한다면, 다른 나라의 구조적 편향에 따른 우려를 알아보게 됩니다. 구조 수준으로 넘어가면, 서로의 위험을 보다 선하게 해석하게 됩니다. 정권 타입에 주목하다 보면, 항상 과장을 하게 돼요.

• **SEO**

마지막 질문을 드리겠습니다. (패널 분들 사이에) 의견차가 있는 것 같은데요. 북한은 예측 불가한가요? 사실 Chen Dingding은 현재 그들(북한)에게 유일한 우려는 생존이고 그것이 (북한을) 굉장히 예측 가능하게 만든다고 한 반면에 Xie Tao는 김정은이 굉장히 예측 불가하다고 말했습니다. 아니면 굉장히 예측 가능한데 미국, 중국, 그리고 한국이 그 예측 가능한 목표를 받아들일 수가 없는 건가요?

• **ZHANG**

저는 북한이 매우 예측 가능한데 예측 불가한 약소 국가의 행동 패턴을 보인다고 생각합니다. 상대방이 더 강하기 때문에 평범하지 않은 수단을 써서 해결을 보려고 하죠. 그런 의미에서 그들의 행동은 예측할 수 있을 뿐만 아니라 이해할 수도 있습니다. 하지만 물론 남들은 이를 국내 정권 관점으로 읽고 (북한을) 나쁜 정부라고 말하겠죠. 이 때문에 그 나쁜 지도자, 김씨 왕조를 예측하는 것이 불가능해지는 것입니다. 그들도 사람이기 때문에 제가 보기에 그들의 행동은 전형적으로 유사한 노력과 의도를 갖고 있습니다.

• **MOORE**

정권 타입과 지도부 구조 때문에 (북한의) 호전성은 나름대로 예측 가능하고, 우리는 거기에 놀라선 안됩니다. 저는 북한이 굉장히 예측 불가하다고 봅니다. 무엇을 내놓을지 모르기 때문이죠. 북한이 백두산이나 금강산으로 더 많은 관광객들을 유치하는 새로운 정책을 남한에 제안해올까요? 투명성이 없으니 알 수가 없습니다. Baohui는 예측 가능하다고 했는데 천안함, 연평도, 아웅산 묘역 폭탄 테러, 그리고 수 십 년 전에 청와대를 습격하려 했던 특수부대를 예측한 사람은 아무도 없었습니다. 이렇듯 그들이 무엇을 내놓을지 모르기 때문에 굉장히 협상하기 어려운 대상이라고 봅니다. 그들이 수용적인 자세로 나올지 무언가 새로운 강경 노선으로 나올지 말입니다. 북한은 매우 예측 불가하고 함께 일하기 어려운 상대죠.

• **CHEN**

그건 아마 무엇을 예측하려고 하느냐에 달려있을 겁니다. 저는 북한에 대해 두 가지 예측을 갖고 있는데 이 방에 있는 대부분의 사람들이 저와 동의하리라고 생각합니다. 첫 번째 예측: 북한은 앞으로 10년 동안 무슨 일이 있더라도 서울을 기습 공격하지 않을 것이다. 두 번째 예측: 북한은 앞으로 10년 동안 계속 모두와 문제를 일으킬 것이다. 무슨 문제를 일으킬지는 예측하기 어렵지만 미사일 실험이나 심지어 암살단을 보내는 등의 문제겠죠. 넓은 예측들은 우리가 상당히 확신을 갖고 있습니다. 하지만 작은 것들은 알 수 없죠.

• **SEO**

어쩌면 이렇게 해석할 수도 있겠군요. 그들의 최종 목표는 매우 예측 가능합니다. 생존이죠. 하지만 그 목표를 달성하기 위한 그들의 전략이나 수단은 매우 예측 불가합니다. 며칠 전에 또 다른 컨퍼런스에서 경제특구에 대한 중국의 경험과 그것을 북한에 도입할 가능성에 대해 심도 있는 대화를 나눌 기회가 있었습니다. 제 개인적인 해석으로는 1978년의 경제 개혁과 경제특구가 없었더라면 중국공산당의 운명은 동유럽의 공산당들과 비슷하지 않았을까 하는 것입니다. 소위 말하는 점진적인 퇴보 (progressive decay)와 붕괴죠. 그러니 중국의 경제 개혁을 정권의 생존전략이라고 해석할 수 있겠습니다. 우리가 경제 개혁이나 경제특구 도입이 유일한 생존 방법이라고 북한의 당을 설득할 수 있는 방법이 있을까요?

• **CHEN**

저는 그들이 이미 설득 당했다고 봅니다. Lankov의 최근 뉴욕타임즈 기사는 (북한이) 농부들이 정부에게 납입하고 남은 작물의 더 많은 부분을 소유하게 함으로써 조용하고 비밀스럽게 시장중심의 개혁을 도입했다는 사실을 이미 지적했습니다. 이것은 바로 중국이 수 년 전에 한 일입니다. 이것 덕분에 북한의 경제는 나아지고 있습니다. 이는 나쁜 동시에 좋은 소식이죠. 가까운 시일 내에 내부분열이 일어나지 않을 것이라는 점에서 좋은 소식이지만, 언젠가 더 공격적으로 될 거라는 점에서 나쁜 소식입니다.

• **MOORE**

제 생각에는 덩샤오핑의 상황을 김정은의 상황과 비교하는 것은 다소 어렵다고 봅니다. 덩샤오핑이 한 일을 김정은이 할 수 있을까요? 개방을 시도하고 단기간에 개혁하는 것을 말입니다. 할 수는 있겠지만, 저는 몇 가지 이유 때문에 그리 되리라고 예측하지 않습니다. 첫 번째로, 덩샤오핑은 장군이었습니다. 그는 굉장히 대담하고 극단적인 입장을 취할 수 있을 정도로 널리 존경 받았고 공산당 지도부 내에서 정당성을 갖고 있었죠. 반면 김정은은 거기에 가깝지도 않습니다. 그는 정당성도 없고 군으로부터 존경도 받지 못하고 있습니다. 그러니까 그가 대담한 것을 지지하기에는 정치적으로 더 위태로운 것입니다. 또 다른 것은 관념적이고, 문화적인 효 사상입니다. 유교적인 관점이죠. 김정은의 정당성은 전부 그의 성, 그러니까 김씨 왕조 3세라는 데에서 나오는 것입니다. 그러니 거기에서 떨어져 나오기는 굉장히 위태롭습니다. 덩샤오핑은 마오쩌둥 시절에 몇 번 떨어져 나왔다가 투옥되었죠. 감옥을 나와서 그의 경쟁자들을 제치고 개혁 정책들을 시도할 수 있었던 것입니다. 김정은을 지탱해주는 유일한 지지대는 그의 아버지가 당에서 갖고 있던 입지입니다. 만약 떨어져 나오려고 한다면, 그는 자기가 올라타있는 사다리를 걷어차는 셈이 되는 것입니다. 비록 Andre Lankov는 그런 개혁을 이야기하고 분명 그것들이 실용적인 관점에서 북한에게 도움을 주겠지만, 그(김정은)에게 있어 베트남의 도이모이 운동이나 중국의 개혁개방 같은 총체적인 개혁을 시작하는 것은 정치적으로 불가능합니다.

• **ZHANG**

제 생각에는 그의 아버지(김정일)가 이미 중국을 따라 하려 했다고 봅니다. 선전에 가서 중국 사례를 북한의 경제개혁지구에 접목시키려고 했죠. 북한 정권은 한편으로는 김씨 왕조에 대한 신화를 계속 지어내지만 국민들이 굶고 있다는 것을 알고 있죠. 그 문제도 해결하고 싶어하기 때문에 경제적 성과를 향상시키고 싶어하는 동기도 비슷하게 작용합니다.

• **CHEN**

제가 한 마디 하자면, 또 Greg와 반대할 것 같은데요. 제 생각에는 김정은이 10년을 더 살게 된다면, 그는 덩샤오핑이 한대로 할 것입니다. 우선 안보문제를 해결해야 하기 때문이죠. 중국공산당은 미국과의 관계를 개선함으로써 안보문제를 해결하고, 그 다음에 경제에 집중을 했죠. 북한은 안보문제를 해결해야만 합니다. 어쩌면 5년 뒤에 형식적인 핵보유국의 지위를 얻은 다음에야 진지한 경제 개혁에 대해 생각할 수 있을 것 입니다.

• **SEO**

두 번째 세션에서는, 복합적인 이슈들을 세부적으로 논의했습니다. 북한에 대해 논의한 바에 따르면, 우리는 그들의 최종 목표가 생존이라는 것을 알고 있습니다. 개혁은 굉장히 타당한 생존전략이고 북한의 지도자들도 이를 알고 있습니다. 그리고 우리는 이제껏 북한 무제를 해결하지 못했습니다. 청중 분들도 동아시아의 평화와 번영에 대해 다른 관점들을 듣는 좋은 경험을 했으리라 믿습니다. 청중석에서 질문 받겠습니다.

• **청중 1**

저는 카자흐스탄에서 온 연세대학교 국제대학원 학생입니다. 저희와 함께 의견을 나눠주셔서 정말 감사합니다. 대단히 큰 영광입니다. 저는 두 가지 의문점이 있습니다. 제가 얼마 전에 중국에 있었을 때, 제 친구들에게 중국 정부가 유일하게 남은 동맹국인 북한을 잘 대하는 것 같냐고 물어보았습니다. 저는 그들

중 한 명이 전세계를 뒤흔드는 끔찍한 정권이라며 북한을 비난하는 걸 듣고 놀랐습니다. 두 번째는, 지난 학기에 미국 정책 보좌관의 초청강연을 들었는데 그 분은 미국과 한국이 더 많은 군사협력을 한다는 건 좋은 소식이라고 했습니다. 한미동맹이 강화될수록 남한과 북한이 더 멀어지기 때문에 저는 사실 놀랐습니다. 여기서 제 질문은, 미국과 중국이 한반도의 통일을 진행하기를 원한다고 생각하시는지 묻고 싶습니다.

• **MOORE**

"완충 국가" 아이디어를 지지하는 사람들이 있습니다. 중국이 완충국가를 유지하기 위해 이를테면 북한이 독립을 유지하기를 바란다는 거죠. 통일 한국이 반중(反中) 국가가 될 것을 걱정하는 사람들도 있습니다. 그러니 제가 보기에는 중국 내에 국론분열이 있다고 봅니다. 중국이 (통일된) 새 한국과 좋은 관계를 맺을 것이라고 본다면 많은 중국인들은 한반도가 통일되는 것을 좋게 볼 것입니다. 미국이 새 한국을 하리라고 우려하는 사람들도 있습니다. 누구든지 독일과 같은 평화 통일을 소망합니다. 누구도 한반도 상의 파열(implosion)이나 폭발 (explosion)을 원치 않죠 – 파열이란 북한 난민들이 중국으로 건너가서 문제를 일으키는 것을 뜻하고, 폭발은 미국의 벙커 버스터 폭탄이 평양의 주석궁을 때리는 것을 말합니다. 저는 그것이 평화로운 전환이기를 바라고, 적어도 학문적인 관점에서는 한반도의 통일이 우리 모두가 오래도록 희망했던 멋진 일이라고 생각합니다. 1945년 이래로 남북분단은 정말 골치 아픈 일이었기 때문이죠. 그러면 비로소 우리는 모든 동아시아 세력들 간의 평화로운 미래 관계를 건설하는 일에 착수할 수 있습니다. 물론 통일을 하려면, 어떤 형태가 될 것이고 그것을 어떻게 해나갈 것인지에 대한 온갖 변수들이 있습니다. 그러니 우리가 지금 모르는 불확실함이 있습니다. 하지만 저는 결국 남한과 북한 사이의 문제라고 봅니다. 중국과 미국은 둘 다 남북한의 큰 형 자격으로 있는 거죠. 그 과정을 지켜보고 어쩌면 그들의 의존국(client state)이나 친구(동맹국)의 안보를 보장할 수도 있습니다. 그들은 역할을 맡을 것이고 둘 다 협력해야 하는 일이라는 것에 동의할 것입니다. 미국과 중국은 남북한이 협력하도록 권장해야 합니다. 그리고 어쩌면 미국도 중국도 한국인들이 궁극적으로 바라는 남북화해를 이끌어내는데 잘했다고 할 수는 없을 것입니다.

· **ZHANG**

저는 중국이 분단된 한국이라는 현상유지를 선호한다고 봅니다. 미국과 한국 모두에 대한 전략적 불신 때문입니다. 남한이 북한을 점령하고 미국과의 동맹을 유지하면 어떻게 되겠습니까? 이런 의미에서 중국은 통일을 원하지 않을 것이고, 중국은 이미 한반도에 대한 대내용 안내수칙이 있습니다. 전쟁 반대, 핵무기 반대, 혼란 반대라는 것이죠. 그들은 통일된 한국 보다 나을 수 있는 분단된 한국을 더 선호할 것입니다. 한 러시아 학자는 통일한국이 비무장 해야 한다고 제안함으로써 이 이슈를 해결하려고 했는데, 저는 그건 말도 안 된다고 생각합니다. 하지만 보다 실용적인 제안은 미군의 존재가 없는 통일한국이겠죠. 그러나 저는 많은 한국정부요원들이 이를 받아들이지 않을 것이라고 여깁니다. 그러므로 중국은 현상유지를 선호하고, 이는 왜 중국이 자기 눈에 완전히 망나니 같이 보이는 북한을 지원하는지를 설명하죠.

· **SEO**

그것은 굉장히 복잡합니다. 왜냐하면 김대중 대통령이 1998년에 중국을 방문했을 때, Jiang Zemin과 김대중 사이에 통일된 한국에 미군이 있어서 중국과 일본 사이를 안정화시킬 거라는 상호이해가 있다는 토론이었거든요.

- **MOORE**

하지만 38선 이남에만 말이죠.

- **SEO**

예, 하지만 통일된 한국은 미군을 보유할 수 있다면 보유해야만 합니다. 그 밖에도 일본의 부상에 대한 논의가 있기 때문이죠.

- **ZHANG**

이것은 굉장히 민감한 이슈입니다. 왜냐하면 당시에는 중국과 북한이 상당히 좋은 관계를 맺고 있었거든요. 저는 김 대통령과 장쩌민의 논의가 실제로 일어 났는지 확실히 모르겠습니다. 저는 중국이 선호하는 것은 미군이 없는 통일 한 국이라고 생각합니다.

- **CHEN**

저는 평화적이고 점진적인 통일을 지지하는 것이 중국의 공식적인 정책이라 고 생각합니다. 미군의 존재는 신경 쓰고 있지 않습니다. 하지만 제 생각에 사람 들이 관심을 보이지 않는 이슈는 한국이 최대한 빨리 통일을 원하느냐입니다. 한국에게 큰 경제적인 부담이 있을 것이기 때문이죠 30년이 걸린다면 아무 탈 이 없겠지만 5년이라면 한국의 경제를 붙잡을 것입니다.

- **SEO**

통일이 되면 지금보다 더 긴 국경지대를 지켜야 하기 때문에, 통일 후에 징병제 도가 사라질지도 불확실하죠.

• **청중 2**

제 이름은 Maximilian이고, 연세대 국제대학원 학생입니다. 발표 감사 드립니다. 저는 질문으로 이어지는 한 가지 코멘트가 있습니다. 중국의 민족주의에 대한 것입니다. 중국 고등학교에서 영어를 가르치는 미국인 친구로부터 들은 일화입니다. 그 친구는 16세 학생들에게 국제정치에 대한 지식이 아닌 영어실력만을 테스트하는 글쓰기 주제를 주었습니다. 그 주제는 "센카쿠/댜오위다오를 둘러싼 일본과의 문제를 어떻게 해결할 것인가"였습니다. 학생 대부분이 쓴 것은 일본을 핵으로 지도상에서 없애버려야 한다는 것이었습니다. 이것도 비록 소수지만 실증적인 관찰이죠. 중국에서 다들 일본에 대한 텔레비전 프로그램을 보고 웃는다고 하셨지만, 저는 그게 사람들에게 영향을 준다고 생각합니다. 중국인들이 일본에 가서 압력밥솥을 산다고 하셨는데, 한국도 압력밥솥을 잘 만들죠. 여기서 제 구성주의적인 질문으로 넘어가겠습니다. 중국 학계에서는, 동북아의 결합이 아세안이나 유럽연합과 같은 가능성으로 논의되나요? 저는 유럽에서 왔는데, 유럽연합은 안보와 평화에 있어서 정말 대단한 업적이라고 생각합니다. 동일 화폐를 쓴다는 점만 제외하면 정말 잘 작동하고 있는 것 같아요. 그렇다면 동북아의 안보와 평화를 위해서는 무엇을 할 수 있을까요? 우리도 아세안이나 유럽연합 같은 걸 할 수 있을까요? 남북한이 하나의 공동체에 들어간 이상, 분단이 더 이상 소용없어져서 통일문제가 해결될 수 있는 시나리오가 있나요? 어느 정도 현실성이 있는 건가요?

• **XIE**

몇 마디만 하겠습니다. 물론 여러 중국 학자들이 이를 연구, 조사했지만 아직까지는 아세안이나 유럽연합 형태의 동북아 공동체에 대한 긍정적인 의견은 적습니다. 제가 신화통신으로부터 받은 최고의 뉴스는 중-한 FTA가 오는 5월에 체결될 것이라는 것입니다. 우리는 이미 영문 조약서가 준비되어있고 이것이 중국어와 한국어로 번역되는 일만이 남아있습니다. 이는 중국과 한국 간의 일이지만 우리가 동북아 공동체를 이야기할 때는 일본을 포함시켜야 합니다. 지금 중국과 한국이 둘 다 일본을 싫어하기 때문에 현재로써 삼자 협약 회담은 굉장히 가능성이 낮습니다.

• **MOORE**

서울에 본부를 두고 있는 한중일 정상회의(Trilateral Cooperation Summit)라는 기구가 있습니다. 저장대학교에서 (그 기구의) 대사를 초대했죠. 대사 직책은 매 2, 3년 마다 회전합니다. 그 해에는 대사가 한국인이었고, 그 다음에는 일본인이나 중국인이 되는 식입니다. 세 나라가 이런 기구들을 설립하려 하는데 역사문제가 거대한 장애물입니다. 옛날 안보 동맹 체제가 이들을 분열시키죠. 하지만 Jean Monnet에 따르자면 유럽을 통합시킨 것은 실용주의라고 합니다. 제가 볼 때 실용적으로 동아시아 국가들이 (통합)하지 못할 이유는 없습니다. 저는 그들이 FTA같은 예로 볼 수 있듯이 협력하는 방향으로 움직였다고 봅니다. 대만과 중국이 통일할 수 있다면 남북한도 마찬가지입니다. 그러면 냉전의 잔재가 흐려질 수 있으니까 훨씬 수월해지겠죠. 민족주의는 그대로 있을 거라는 게 여전히 문제입니다. 하지만 프랑스와 독일은 그것을 대부분 해결했죠. 동아시아의 문화적 화해 전례에 같은 자원을 갖고 있을지는 모르겠습니다. 하지만 지금까지 많은 대화가 있었고 그렇게 하는 것이 중국의 이해관계에도 맞습니다. 미국을 포함하지 않는 한중일 담화를 갖는 것을 원하기 때문이죠. 하지만 아직까지는 성공적이지 못했습니다.

• **CHEN**

제 의견으로는, 여전히 민족주의가 큰 이슈라고 생각하지 않습니다. 그건 저희 설문조사에 기반한 작은 이슈였는데요. 우리는 민족주의가 일본, 한국, 미국을 대하는 중국의 태도와 아무런 상관관계가 없다는 것을 찾아냈습니다. 실제로는 영토분쟁 같은 구체적인 갈등이 더 큰 요인입니다. 그런 것은 우리가 일본을 대하는 태도에 영향을 줍니다. 사람들이 흔히 강조하는 민족주의와 역사라는 두 요인이 아닙니다.

• **ZHANG**

또 다른 요소는 순수한 현실주의적 요소, 권력이동입니다. 2008년 이전에는 세 나라 모두에 많은 자유주의 학자들이 있었고 한중일 정상회의(Trilateral Cooperation Summit)가 사람들의 긍정적인 생각을 반영했죠. 하지만 최근에는 중국의 부상으로 강화된 안보 딜레마가, 공동체 건설 노력보다 우위에 올라섰어 요. 그래서 오늘날, 중국과 일본 모두 공동체 건설에 대해 말하지 않죠. 일본은 미국과 동맹이고, 평화헌법을 고치려고 하고 있습니다. 중국도 군비를 늘리고 있지요. 현실주의가 더 잘 설명할 수 있던 옛 시절로 모두들 돌아갔어요. 공동체 를 건설하고 상호간 불신을 없앨 새로운 정체성을 갖는 것이 가장 좋은 설명은 아닐 수 있습니다. 현실주의자인 Waltz가 한 설명에 따르자면, 유럽 국가들이 협력할 수 있었던 이유는 미국의 군사적 우위 덕분입니다. 가장 잘된 설명은 Andrew Kydd의 책, Trust and Mistrust in International Relations에 수록되어 있습니다. 그의 책에는 한 챕터 전체가 유럽의 업적을 다루고 있습니다. 그는 현실주의자 Waltz의 이론을 다소 반복해서 서방세계에서 미국의 우위에 대해 반복해서 말합니다. 미국의 단극(unipolarity) 아래에서 더 이상 서로를 무서워 하지 않게 된 거죠. 냉전 시기 동안 서방 체제가 상호 신뢰를 증진하는 밑바탕 을 만들었거든요.

• **MOORE**

Baohui의 이론에 따르자면, 제게 간단한 해결책이 있습니다. 미국이 중국과 북 한을 정복하는 겁니다. 물론 농담입니다.

- **ZHANG**

동의합니다. 그러면 정말로 문제가 해결할 수도 있어요.

- **XIE**

맞아요. 문제는 해결되겠죠.

- **SEO**

하지만 한국과 일본 사이에는 동맹이 없죠. 그게 유럽과 다른 점입니다. 미국의 우산 아래에서도, 한국과 일본은 지난 반세기 동안 동맹을 맺기를 거부해왔습니다. 비록 토론을 이어나가고 싶지만 이만 마쳐야 할 것 같군요. 감사합니다.

Future Direction of US-China Relations and Implications for the Korean Peninsula

【Date】 February 25 (Wed), 2015, 14:00~18:00
【Venue】 Room #111, Millennium Hall, Yonsei University

Hosted by
Yonsei Institute for Sinology (YIS)

Organized by
Yonsei Confucius Institute (YCI)

BIOS OF PANELISTS

Gregory J. MOORE (PhD University of Denver) is an Associate Professor of International Relations at Zhejiang University in Hangzhou, China, where he teaches graduate and undergraduate courses in international relations. His research interests include international relations (IR), IR theory (constructivism in particular), international security, Chinese foreign policy, U.S. foreign policy, Sino-American Relations, East Asian IR/security, foreign policy analysis, and the North Korean nuclear issue. His articles have appeared in journals such as International Studies Review, Foreign Policy Analysis, International Relations of the Asia-Pacific, Asian Perspective, the Journal of Contemporary China and the Journal of Chinese Political Science. He is currently working on a book on Sino-American relations, and has completed an edited volume titled, North Korean Nuclear Operationality: Regional Security and Non-Proliferation (Johns Hopkins University Press, 2014), and a book on the international relations thought of Reinhold Niebuhr (under review). He is a member of the (U.S.) National Committee on United States-China Relations.

CHEN Dingding is an assistant professor of Government and Public Administration at the University of Macau and Non-Resident Fellow at the Global Public Policy Institute (GPPI) Berlin, Germany. His research interests include: Chinese foreign policy, Asian security, Chinese politics, and human rights. His publications have appeared in International Security, The Washington Quarterly, Journal of Contemporary China, Asian Perspective, Chinese Journal of International Politics, among others. He can be found on Twitter at @ChenDingding.

XIE Tao is professor of political science at the School of English and International Studies, Beijing Foreign Studies University. He holds a PhD in political science from Northwestern University (2007). His current research focuses on Chinese foreign policy and U.S.-China relations. He is the author of U.S.-China Relations: China Policy on Capitol Hill (Routledge 2009) and Living with the Dragon: How the American Public Views the Rise of China (with Benjamin I. Page, Columbia University Press, 2010). He has also published several articles in the Journal of Contemporary China, including "What Affects China's National Image? A Cross-national Study of Public Opinion" (September 2013). He is also a frequent guest at CCTV News, BBC, CNN, Al Jazeera, and China Radio International.

ZHANG Baohui is professor of political science and director of Center for Asian Pacific Studies at Lingnan University in Hong Kong. He received his Ph.D. in political science from the University of Texas at Austin. His research interests include China's grand strategy, Sino-US relations, and nuclear deterrence. He is the author of China's Assertive Nuclear Posture: State Security in an Anarchic International Order (Routledge, February 2015). He is currently preparing a book-length study of the evolution of China's grand strategy since the end of the Cold War.

WELCOMING REMARK

KIM HyunCheol_Director of YIS, Yonsei University

Ladies and gentlemen, good afternoon. I am the organizer of today's meeting. I welcome you all to the beautiful Yonsei campus. Thanks for the support and help from our faculty and leaders. At last, the best wishes for the success of today's meeting, for the good results of our students and teachers. It is my pleasure to announce the opening of the meeting. Thank you.

CONGRATULATORY REMARK

LEE Seokjae_Director of YCI

Yonsei University had thorough mutual trust and cooperation with Sichuan Normal University, the largest provincial key university in Sichuan province. Yonsei University Confucius Academy was established in 2013 to strengthen ties between the two countries in education and academic research by promoting the development of Chinese education and culture. It will not only provide systematic and specialized language education but will also produce the best contents in academic research. Moreover, Yonsei University Confucius Academy is trying to step forward in intellectual exchange and student research programs. With continued efforts on developing various programs, Yonsei University Confucius academy will continue to enhance the understanding of Chinese language and culture and puts efforts to further develop ample relationship between Korea and China. I hope today's forum will make fruitful results. Thank you very much.

Where are US-China Relations Heading?

Moderator
JohnDELURY_Professor, Yonsei University

Panelists
GregoryMOORE_Professor, Zhejiang University
CHENDingding_Professor, The University of Macau
XIETao_Professor, Beijing Foreign Studies University
ZHANGBaohui_Professor, Lingnan University

• **DELURY**

Welcome everyone. As introduced, I am John Delury, a professor in GSIS and one of the co- or sub-organizers and I want to thank the conveners and celebrate our new China Studies institute. Part of what the institute is going to do is to bring together a lot of at Yonsei who work on China in different disciplines. So today is the first experiment with that and it's an exciting opportunity, I think, primarily for students to get some more integrated approaches to China from different sources of work and different interests that we have. So today we have two sessions. I want to explain a little bit about why the day is structured the way it is and how it is. I'm going to moderate the first session on U.S.-China relations and I'm going to do my best to keep us away from the Korean peninsula, so that we can have a robust discussion and some debate about the big issues in U.S.-China relations and hear from some of the sharpest, freshest thinkers on this relationship about how they see it and what the issues are. And then we'll come to the second session moderated by Professor Seo, then we'll narrow it down into both Koreas and think about implications for the peninsula and part of the idea here, is to get a framing. Sometimes in Korea we tend to go straight to Korean angle quite naturally, and so the idea here is first to step back and look at the U.S.-China relationship sort of in itself. Of course for Korea no relationship is probably more important and maybe no country is, these days especially, as sensitive to U.S.-China dynamics for good or ill. I don't think I have to explain this too much to this group but if you think about it in terms of politics and security and you look broadly in the region, South Korea relies on the United States for security, but so does Japan, one of the most important economic countries for South Korea. So the relationship with the United States affects, of course, Korea's relationship for good or ill in terms of what Korea wants to do with Japan. But then similarly when South Korea looks over to China, China is North Korea's only ally, the only ally of South Korea's rival, if not enemy state. So, the relationship South Korea is enmeshed in a set of regional relationships that is also dependent on dynamics in the U.S.-China relationship. That is some of the ground that wo will try to cover today.

You already got the introduction in multiple languages at least in Korean and Chinese to our speakers. By way of introduction, I will just highlight one or two more things about them because we are really lucky to have them flown to us from different parts of China. They are incredibly interesting thinkers. Chen Dingding is at the University of Macau, and one feature of all four of them is that they have a huge range in the topics that they are doing research work and writing on. Dingding has done his original dissertation work on human rights in China. He has very interesting ideas about human rights and the evolution of human rights discourse in China. He wrote a very interesting article that some of my students were forced to read because I've put it on the syllabus. He co-authored couple of years ago Why China Will Democratize, a wonderful, strong title. Some of you who focus on the Korea angle would be interested in the earlier work he did, on Koguryeo and the issue of national identity looking at it more from Chinese perspective, but essentially trying to transcend both Chinese perspective and Korean perspective. So I'll leave that for the second session if you dare to get into Kogureyo issue. The other thing to follow Dingding is that there is a website called the Diplomat and Dingding has been writing one essay per week and he has done this for six months on whatever the key issue is, for Chinese foreign policy, the U.S.-China relations. And each one of these is a smart, thoughtful reflective piece. It's quite humbling when

I read it and started to give me a headache to imagine what the kind of work it takes to do that on a weekly basis. So students, that's a great resource, the Diplomat and especially Dingding's essays.

We are really lucky to have Zhang Baohui as he's been invited to the Korean War. I have to limit myself on what I can say about Baohui but also a huge breath in terms of an expert on nuclear security, Chinese foreign policy, U.S.-China relations. Another thing to point out is Baohui has been, maybe more time than any of us, teaching in the U.S., certainly more time than me. So, he may be the best U.S. expert on our panel and that is one of the things we want to transcend here, the idea of who knows their own and who speaks for their own country. I suppose Baohui classifies himself as a realist and one of the leading realist thinkers in Chinese foreign policy, so at a level of IR theory his work is very important not just in China but internationally in sort of pioneering a new generation of realist thinking. He wrote a great peace in the journal, Global Asia, on Xi Jinping quite recently where he tries to explain Xi Jinping as an offensive realist, but a pragmatic and flexible offensive realist. I reread it in preparation for today and the thing occurred to me is that 'is this Xi Jinping or Zhang Baohui he's talking about?' I hope it is Xi Jinping or I think maybe it is Zhang Baohui but Baohui also, a long time ago, wrote a piece, "How and When China Will Democratize?" So maybe we can see how his answer differs from Dingding.

Baohui has spent 10 years teaching in the United States, Greg Moore is half way there. He spent 5 years teaching in China in Zhejiang University, so he may know China better than these other guys. He also has breath on nuclear security and he edited a great book on North Korean nuclear operationality, which is a complex way of saying what we are going to do, given the fact that China has a full nuclear weapons program and how we are going to deal with that. Just like Baohui is a very important realist thinker. Greg is an important constructivist thinker, again not just in China but internationally. So we can have an interesting theoretical debate between them as well.

Lastly, my friend, Xie Tao has done a couple of wonderful books. I love his book, Living with the Dragon, which is about popular attitudes toward China among the U.S. public, He also spent a lot of time in the United States and understands it very deeply. Now he is back in Beijing, teaching one of the top universities in Beijing. The one thing I would flag about Xie Tao is that all of these are real scholars who do serious scholarly work and write exactly what they mean. The rest of us have a little more protection for various reasons but Xie Tao is right there in the capital of Beijing, writing on sensitive issues, saying what he exactly means, which is something to be championed. Every time I read his stuff I'm excited. So that's to give you little bit more color and sense of why we should be really excited to hear the debate that is going to follow and now I'm going to turn it over to our group. I have asked them to prepare not too long 10 minutes piece on what they see as the critical issues in the U.S.-China relations, what kind of framework we should use to understand U.S.-China relations, and what to watch out. We will do round-robin and then we will start to bring some of those different perspectives together and get a debate and discussion going. So we'll start in a good Confucian way with older man here, Zhang Baohui.

• ZHANG

I want to thank Yonsei University first for convening this very interesting and timely forum which examine two critical issues, U.S.-China relations and how that relationship impacts the Koran peninsula. I would like to focus on sort of predicting the future of U.S.-China relations because in 2014 we got confusing messages. At the beginning of the year, the message was not very positive because as you know exactly a year ago we had Ukraine crisis. Because of Ukraine crisis we began to see concerns in the United States that China may repeat a similar act in the Far East. So around February and March, the U.S. administration's message to China seemed to begin deteriorating. The Assistant Secretary of State, Russel, specifically warned China not to try to pull off Ukraine type of act. Also in the spring, China's actions in the South China Sea seem to be escalated as China was trying to transform few pieces of rocks into size of an island. Some people thought that is a reflection of China's aggressive agenda; Russia is doing that in European theater and China in Asian theater. So in the spring we have seen many Americans calling for the Obama administration to draw a red line on China and of course Chinese had good reaction to that. That is the beginning of the year. Then, in the middle of the year, things began to cool off little bit. John Kerry was in China, promising to President Xi that the United States did not intend to contain China. Then, at the end of the year it went to another direction after the APEC meeting where Obama and Xi had an unexpectedly productive summit meeting. Several important agreements had globally valid implications which were presented like the G2 moment.

So, within a year, the relationship seemed to swing back and forth and what is the real future of the U.S.-China relations? I think there are 3 scenarios. The first scenario is direct military conflict which is the worst scenario. The next scenario is the Cold War scenario - No military conflict but sustained hostility between the two greatest powers, repeating the

U.S.-Soviet rivalry. The last scenario is optimistic scenario, the positive scenario which is what China wants. Xi jinping's decision to create the "new type of major power relations"; That is the concept they prefer to govern the future China-U.S. relationship. It's a framework of equality and parity based on mutual respect and core interests. Americans suspect it is also based on sort of clear division of sea influence – Chinese takes charge of the western half of the Pacific and America on the other side.

For those scenarios, I will use realist theory to highlight the possibility of each scenario. The war scenario is the least likely because typically major powers engage in direct military actions if one party or both parties are strong revisionist countries. We have two different theories. One is classical realism and one of its main researches is on revisionist state. Basically, classical realism sees states in two categories – status quo, the good countries and the bad countries, revisionist powers driven by domestic ideology, a mad leader, or basic human instincts to become powerful. But some states simultaneously are not revisionists. So the very famous political scientist Randal Schweller's PhD thesis is about the contrast; states which are sheep and states which are wolves. We have two different states and if we do have revisionist state in international system, often military conflicts are inevitable. China is not a classic, traditional revisionist state because that era has passed in which states seek greater power by conquest. Today, we all know that conquest no longer pays. American occupation of Iraq and Afghanistan proved it once again that if you want to occupy another country you are inviting trouble. So, territorial conquest will no longer make states powerful but instead today great powers are all aware that power comes from influence based on technology, finance, and the control of international institutions. That also applies to Russia; I think Russians are smart enough to start war and retake Eastern Europe in a former Soviet Republic because of the cost. So classical realism doesn't apply to China, but of course some Americans see differently as Greg sometimes think China is an evil realist state so we can have a debate.

The other theory is the power transition theory that says newly rising state seeks status commensurate with newly found power and a sort of hegemonic war follows because the declining hegemonic state would not willing to surrender. We need to check the record. Historians and many IR theorists also believe it is a cycle. But it is really true? Richard Ned Lebow, an IR scholar, has recently published an article that examines the record and he said no. The power transition does not often lead to conflicts between the rising state and the state in decline. Gilpin's theory could highlight why the war is not inevitable. States are rational and rarely willing to fight hegemonic war just to get greater international recognition or greater status. It's not worth it. States are always rational. If you look at the record, war is the most difficult situation for any country as it is nasty and devastating. So I don't believe China would provoke a war to get more international status. It is totally self-defeating. China is very smart. China would internationalize Renminbi and make it a global currency. That would bring China greater status for influence. So I don't think the war scenario is realistic. The Cold war scenario is more realistic and many people worry about it. The Cold War scenario could be typically explained by realism. Basically anarchy forces fear. Great powers especially are afraid of each other. So their sense of insecurity leads to malignant interpretation in other countries. The best explanation for the Cold War is actually the security which is also more realist interpretation. It's not because the Soviet Union was a revisionist and the United States had to contain the Soviet Union.

The Soviet Union was aware of its security and equally afraid of the United States. So it is mutual insecurity which leads to symptoms of arms race and proxy wars. But, I don't think China and the United States would follow this path because it depends on mutual perceptions. Some parts of the United States do have concern on China's future intention but I would say the major opinion still doesn't see a full revisionist China. If you read various documents including each year's publication on the power of China, it was safely stated that China has no territorial expansion as an agenda. Even in the U.S. military, it doesn't see a full revisionist China on the rise. So, the United States is concerned but not overwhelmed by security concerns. So that would lead to some other reasons of security dilemma. The other reason is the United States still possesses overwhelming military advantages. When you are equally powerful, you are more likely to fight each other. If you are vastly powerful than the other side, then your concern for the other party is restrain moderately because that is consensus. The U.S. can still defeat China in any war scenario. Until 2030, China would not be able to significantly narrow down the gap with the United States. So that military advantage of the U.S. also helps for moderation. The third factor is that there is no direct route for dispute. They are separated. On the one hand, some Americans do worry about China but not overwhelmed by the concern. Therefore, the Cold War scenario is also not likely.

The third scenario is what China prefers which is power shift, based on entitled local power relations. That is not realistic either because great powers are competitive. According to offensive realism, states do compete for power of influence. They want to be a preeminent power within a region and a top dog in the international system. And the United States is fully committed to be the top dog in the system. Both Clinton and Bush said our goal is to prevent the rival peer state. But as John Delury's new book talks about wealth and power, newly rising China always have longed for wealth and power to be powerful. That's what my arguments are about. President Xi wants China to be the center of the universe. So because both countries have same strategic long term objectives, they are believed to be the strategic rivals. So they will compete in Asia Pacific region and the global arena. We already have many evidence. For example, the United States tries to sabotage China-dominated Asian Infrastructure Investment Bank. So all U.S. allies have been persuaded or pressured by the U.S. not to join. South Korea is one of those. The U.S. doesn't even permit South Korean Air Force to take part in Zhuhai International Airshow and there was no good excuse. They want to limit China and prevent the U.S. allies from drifting toward Chinese sphere. So competition is escalating and China's offensive hope that somehow the U.S. would accept China as equal based on mutual and tacit recognition on sphere of influence is not feasible. At this point, the United States is determined to compete. So what is the future? We can exclude the war scenario and the Cold War scenario. They will have a peaceful competition. They will be rivals in the regional context and the global arena but it is peaceful competition over influence. It's a competition over control of international institutions and those would not jeopardize peace. They do have mutual security concerns but neither party is overwhelmed. Therefore they would not operate war tomorrow with nuclear weapons. Whenever I am invited to Chinese media, I say I don't worry at all when thinking of their future and the relationship would be quite good. This is one of the best bilateral relationships between rising China and declining dominant state. It would probably the best relationship ever in history. So I am rather optimistic.

- **DELURY**

Thank you Baohui. I can imagine my students now are going to object because I always teach my students that realists are dark and pessimistic. But Baohui is pretty optimistic realist which is refreshing. By seniority, you are next Greg.

- **MOORE**

Baohui and I have known each other for a long time and we often debate back and forth. I am actually very worried about China-U.S. relations. But as you know, I work in China, spent 10 years living and working in China and the longer I am there, the more worried I get to be honest. I think it is partly because I am seeing more deeply how thinks work but it's also because things are changing. So now you are going to hear the other side of the story. It is kind of funny because he is a realist and optimistic and I'm a constructivist, and many think we are idealist but actually we are not. We are kind of noncommittal when it comes to optimistism or pessimistism. We just try to observe things and draw conclusions and that's what we are all supposed to do as scholars, but I think realism is by nature pessimistic. Baohui said something to the effect of, "conquest never pays," but that is not a realist perspective at all. I would say actually that Putin has been very successful in carving up pieces of Moldova, Georgia and Ukraine. So, conquest does actually pay off some times, though today you have to be a little smarter to do it and that may be a change.

Let me just tell you briefly why I'm worried. I guess I have six or seven points about why I'm worried. So how do we understand China's rise or troubling new dynamics in China's rise? The first one I am going to talk about is the lack of agreement on what the U.S. foreign policy and the pivot is. What is the U.S. foreign policy? If I talk to my Chinese colleagues, it is really simple; from their perspective it is containment. And I tell my Chinese colleagues either you don't know U.S. foreign policy or you don't know what containment is, because U.S. policy is not containment. Yet perceptions that the U.S. is certainly containing China and other realist assumptions prevail in China. I would argue that if you study John Lewis Gaddis and George Kennan, the definition of containment is clear in the Soviet context. It is a very different thing than what the US is currently doing with China. The U.S. is one of the leading investors in China while China is one of the leading holders of US debt, many people like Zhang Baohui work in the U.S. there are people like me working in China, and we are sending thousands of students to each other's countries. There really isn't a containment model that we saw in the Cold War. It's very different. I would say what the U.S. is doing is hedging and it is sort of like gambling or like stock market investing. Instead of investing everything in one stock, you spread it out a little bit. So if this one goes bad, you have some other things to back it up. That's what the U.S. policy is. Engagement is still the main policy but the US is doing a little hedging with Japan, the Philippines, continuing with Korea, getting a little closer to Vietnam, and just in case with India and Central Asia as well. Indeed, the U.S. is working around China 360 degrees as much as it can just in case things go bad, but that is very different than containment. I guess I'm not going to probably spend time on this but there was a scenario which Gaddis talks a lot about the Kennan's original intention versus the reality that containment brought something different than what he intended. Then the danger of Soviet influence was territorial expansion and I do agree with Baohui in that I don't think that is really on China's agenda right now. I don't think ideological subversiveness is really an issue in China either, although the Chinese model is potentially troublesome as an alternative to liberalism in some ways. Authoritarianism, breaking rules, doing deals with rouge states: those things are problematic, b this is not anything like the Soviet model of ideological subversiveness and territorial expansion.

Let's move on to the second one: no ready solution to the Sino-American trust deficit. If you study China-U.S. relations, you should be familiar with Wang Jisi and Kenneth Lieberthal's 2012 article or monograph about China-U.S. strategic distrust and that is the argument that I represent. Distrust is corrosive, producing attitudes that contribute themselves to greater distrust. It is a big problem in my view. Yan Xuetong at Tsinghua University says that trust is really not that important. He has an article on Foreign Policy, "Let's not be Friends" where he says that we don't have to be friends to work together. He is right but he underestimates how corrosive, dangerous, and problematic not trusting each other is because this distrust is like acid poured over every bilateral thing that we do. There is a huge lack of trust and it is a huge problem. There is no easy solution to that.

The third one is China's maritime policy versus the U.S. commitments to the Philippines and Japan. Most of you would be familiar with this kind of map [pointing to a map of the South China Sea]. The red line represents China's nine-dash line which actually goes back to a 1947 Kuomintang nationalist party map which Mainland China today has carried over and made sacrosanct. I would argue that China's more assertive claims and actions in the East and South China Seas are changes that China has chosen, and to which Japan, Vietnam, the Philippines, the U.S. and others are responding to. I don't blame this on the U.S. My Chinese friends say "We are just responding to U.S. aggression" and I would say "Chronologically, let's look at the map. Let's look at the calendar, when did China start this and when did the rebalance or pivot happen?" China was doing these things and the U.S. is responding. The U.S. is not trying to contain China. These are maritime policy changes from Beijing. China has taken a much more robust line on all these maritime issues and I think the U.S. and its partners are responding. The U.S. has enough trouble with the Middle East and now has Russia to worry about. The U.S. is not looking for trouble with China. My perspective again is that since 2008 China became very confident and subsequently more bold. The Olympics went so well and with the 2008 financial crisis China saw a confirmation of the Paul Kennedy narrative of declining empires (which I don't believe", and seems to have said to itself, "It seems that the U.S. is in decline so we can push a little bit harder to get what we want. Our time has now come." Since 2009 and then 2010, with the Cheonan and the Yeonpyeong Island issues, China sided with North Korea. The U.S. sees China as being more aggressive, more pushy, and the pivot is a response to all that and it is obvious to me. So the U.S. was hoping this wasn't going to happen but the U.S. is responding and this a change in the region that is making things more difficult.

Disagreements over cyber security is another area of troubling new dynamics. A New York Times article in 2013 from the source, Mandiant, the IT security firm, did a study over six years identifying 140 attacks from Chinese IP addresses, including 19 attacks on American information technology targets, 16 on American aerospace targets, 12 on government related agencies, financial services, food and agriculture, intellectual property, thefts and breakings that sort of stuff, etc. [all referring to graphic on screen]. To the U.S. this is a very significant issue. China's argument is one of equivalency. In other words, "they are doing it too, as Edward Snowden proved that the U.S. did break into the Tsinghua University's and the Chinese University of Hong Kong's computer networks." However, Snowden's revelations didn't reveal what the U.S. was doing - I assume there was some sort of defense-related target at Tsinghua, as it is leading science university in China. I'm not sure what it was after in the Chinese University of Hong Kong, but these are a couple of examples of US cyber attacks. Yet this report alone shows that one team of Chinese hackers alone had 140 attacks on target - I would say there is no equivalence here. The other thing is that the U.S. is not stealing from Tsinghua to give to Motorola, GM or anyone else in the US, whereas I think there is evidence that China is stealing secrets from American companies and government agencies to give to Chinese corporations. I think that is a different level and very problematic. It has implications for international economic order as far as I am concerned. I don't think we have the tools really in IR, diplomacy, militarily or economically, to deal with this new level of cyber war. Based on Richard Clarke's book Cyber War, we are already at war. China and the U.S. are at war in cyberspace. China would deny this, but based on everything I am seeing here, in my study of this, it seems clear that there is a quiet, subversive, anonymous little war going on. It is a big issue we haven't really discussed in IR because it is a new field and we haven't defined it yet, nor do we have many tools to deal with it.

The fifth point here is China's alternative parallel institution making policies are a challenge, and yet at the same time I pose that they are also a sign of China's deeper integration into the international system. It is my opinion that they are more the latter but there was a report that came out from the Mercator institute which is in Berlin and they had very provocative title, "China's Shadow Foreign policy: Parallel Structures Challenge the Established International Order." I think it is a bit overdone and I would be more on Baohui's side on this one, as I am not quite so worried about this. But the narrative here is that the pink color [on the graphic on the screen] is the established international organizations or institutions, and the dark maroon behind is China's parallel, recently constructed alternative order and related institutions. I think this narrative is worth considering though because it does seem that in some way China is trying to construct things that it can control as an alternative to the mainstream institutions that are already here. So that seems to be a fact. Now the question is, what are China's intentions? Is China being revisionist and trying to undermine the international order? I'm not so convinced that China is as dangerous on this issue as this report suggests, that this is some sort of shadowy, black-hand criminal activity. China has its own Union Pay (its own credit card network) and we have Visa, etc. What's wrong with that? Why not? That's not a problem as far as I can tell. Some of the other issues though, like the Asian Infrastructure Investment Bank, where the Chinese government might fund projects in authoritarian states that are violating human rights of local people, or preventing them from voicing their concerns as China did with the Three Gorges dam project without the input of local people, is indeed a problem. That is just a negative side of the potential problems of this alternative Chinese model which comes with authoritarian state dominated politics. So this is a concern to the international community in American and European analyses.

The next one really keeps me up at night; The shadow of A2/AD and AirSea Battle. If you are a normal human being, you have no idea what that is but if you are a policy wonk and have nothing better to do than read obscure reports, you probably should be familiar with all of these. A2/AD is Anti-Access/Area Denial and AirSea Battle is the U.S. proposal which is now a policy as it is basically mainstream now. It is about what would happen if China and the U.S. had a military conflict in the Asia-Pacific, what the U.S. contingency planning would be, and China's response to the U.S. presence in the Asia-Pacific is this Anti-Area/Access Denial. All I can say is that it sounds a lot like 1914 in Europe to me. It basically means that he who strikes first gets the advantage, so if there is a conflict over Diaoyu Dao/Senkaku islands or Taiwan, what will China and the U.S. have to do to prevail militarily in any sort of military conflict? It is a long report with lots of detail but the bottom line is that to win the U.S. needs information technology dominance. The U.S. is depending on smart laser-guided, GPS-guided weapons and we need our satellites, communications, computers and technology. Without those, the U.S. weapons don't work. So what the U.S. would have to do is to take out China's over-the- horizon radar systems to take out China's eyes and China's satellites to blind China. Otherwise China would do the same to the U.S.; China will attack the U.S. satellites and where many of these things are based so as to preempt all those attacks that will happen to China if they don't act first. So it is very troubling because it means that you have to move quickly and sounds just like the whole mobilization thing in 1914 prior to World War I, when military planners were under pressure to be the first to mobilize, to set things rolling, or otherwise they would be caught in an unfortunate position and lose. This is very worrisome to me and means that we should be extremely careful. Otherwise, things could develop, spiral very quickly and get out of control.

I have to skip over disagreements over Hong Kong, lack of cooperation on space and so on, but the last thing I will talk about in my conclusion is best set to ominous realist background music. If you have any suggestion for a soundtrack that will go along with John Mearsheimer's work like Wagner or something like that, you can let me know. Here's the defense budgets for 2014, which came out a couple of months ago; the U.S., 581 billion dollars on defense and China 129 billion. Here's the one for 2 years ago; the U.S. 645 billion and China 102 billion. This is kind of interesting if you look at the trends here. This is a snapshot, but going from 2013 data based on 2014 numbers, China's military spending is 15% of the U.S. Based on the one that just came out, which is 2 years later, China's spending is 22% of the U.S. So the gap is closing; the U.S. is down 10% for those two years on military spending and China is up 26%. So the defense spending gap appears to be closing quickly based on these trends. Baohui said 2030 and that maybe true but these are projections, so we don't know. But these all play into John Mearsheimer's dark, realist scenario of competition, potentially between the two and that's going on the background. What the U.S. and China can both do is to better deal with uncertainties like an unfortunate and scary conflict that none of us want. Lastly, this is a picture of China-U.S. Cooperation from November 2014 [a photo of China's and America's top naval commanders shaking hands] and I just thought this was very interesting. If you compare the two uniforms of China's and America's top naval commanders, one thing we can agree on is naval uniforms. Maybe this is a sign of cooperation, or another sign of Chinese counterfeiting, I am not sure.

• **DELURY**

I thought Greg was going to end on a positive note but even this he sees the dark side of this picture. Thank you, Greg and Baohui. One reason we were so happy that both of them could come is because we knew at least they would disagree with one another. Xie Tao, you are next.

- **XIE**

I would briefly go through several points that I think are important in looking at U.S.-China relationship. Firstly, when we look at China we need to think about, what I would call, clash of historical trajectories. Starting from 1840, China has never been a powerful country in East Asia. Starting from the end of American-Spanish War, where America has been elevated to the top position on international sphere, China was not used to a relatively declining America. And the U.S. was not used to rising, increasingly powerful China. And I think this applies to Japan especially between Japan and China. After Meiji reform, Japan has never seen strong, powerful China and China has never seen weak Japan. So, how do you psychologically readjust to this changing reality? China is becoming relatively more powerful and Japan or the United States is becoming relatively weaker. So the Chinese leadership needs to readjust to the reality and so do people in Washington and Tokyo. This is what I call the clash of historical trajectories.

The second point, I think, was already mentioned by Greg. The struggle for dominance between the U.S. and China has been actually subtly and in many cases very conspicuously moved over to a different realm, the rule setting in international institutions. So starting from the Secretary of State and President Barack Obama, the U.S. would like to say that China should follow the liberal international order, the rules based in the international order. Then, the Chinese leadership says, "Yes, we are following the rules. But, we are trying to set up our own rules. In other words, we also play by rules but play by different rules. We set up a different club. You play rugby and I play American football. Sports are similar but we play by different rules. As long as I'm playing by the rules within my own club, what is wrong with that?" So I think this is a big point of contention between the two countries. Look at the Shanghai Cooperation Organization and the conspiracy, shadow-formed policy that Greg just showed on his ppt. You can give a number of examples like FRAAP, Free Trade Area of Asia Pacific, the conference on initiative and confidence-building in Asia, and China's Asia Infrastructure Investment Bank. All these could be viewed as Chinese attempts to build up alternative international institutions, where China is supposed to play a dominant role.

My third point is about China's efforts to use this bulging cash cover to intertwine some countries into China-led economic order and there are plenty of examples like Venezuela and Myanmar. You can also think about this as the 21st century maritime Silk Road and the Silk Road economic belt, the so-called one road and one belt. All these could be Chinese efforts to enmesh neighboring countries in the economic order that is dominated by China. So maybe Japan and the United States would go to different set of orders and China could organize its neighbors on the Western part and Southeast Asian part into a China-centered economic order. But if you look at Chinese media and analysts, many of the Chinese efforts are criticized. For example, Venezuela is saying "Look, how much money China is putting to Venezuela regime and it keeps going back to China for more investment and more loans." That is a big, dip pocket for China and they also look for some other countries. That's why there was news report about Chinese government's requirement that the Silk Road funds would be offered in a very different way that they would require private equity operational mode, which is not government-dominated but instead companies in host countries will apply for private equity in cooperation with Chinese government. That means China is trying to reduce its own risks in giving out these loans to developing countries.

My fourth point is about some concerns among the U.S. officials that Chinese leaders seem to be lowering the priority of the United States in Chinese foreign policy. Their smoking gun is the conference at the end of the last year which concluded that the focus is now on Chinese periphery. So people say that now the U.S. no longer sits at the very top of Chinese foreign policy and wonder whether that means China is trying to downplay the role of the U.S. and pay more attention to its neighbors. There are at least two reasons. One is cool reception or implicit rejection by the U.S. leaders on President Xi's proposal on the new model of U.S.-China relations. This was very poorly received in Washington D.C. so the Chinese leadership got snapped on its face. Second, China does have its own problems with neighbors. Because of these two factors, Chinese leaders really needed a shift of focus on its foreign policy to pay more attention to its neighbors. So, one indication of this downgrading the U.S. in China's foreign policy is Chinese media's coverage of President Barack Obama's national security strategy which was released about two years ago. In 2010 when it was first released, there was a lot of media analysis about the strategic goals of the U.S. and China. But this time there was very few news analysis about Barack Obama's second national security strategy even though it contains couple paragraphs specifically mentioning China.

Fifth point is on the economic belt, the Silk Road strategy. I think it is very likely that China is spreading the rhetoric of the Maritime Silk Road with Southeast Asia and the Silk Road economic development road because China has its own domestic economic problems. We all know that

Chinese economy is slowing down and by building a highway connecting Kunming with Bangkok or transcontinental Eurasian high speed railway connecting Shanghai to Moscow, all the way to Brussels and Amsterdam, China can export its own excessive manufacturing capacity. I think it is very likely, not just possible, even though everybody says that it is extrapolation of strategic planning from this primarily economic initiative. China does need infrastructure investment boom which was quickly ended in China so we need to find overseas market for China's excessive manufacturing capacity.

The sixth point is the problem of Japan. This may be very controversial. Taiwan used to be the central issue in the U.S.-China relationship but increasingly it seems to me that Japan is replacing Taiwan as becoming the central issue in the U.S.-China relationship. Under the Abe administration, Japanese foreign policy really pissed off a lot of people in Beijing. This is not the time to talk about who is to be blamed, but the issue is that, with Japan standing between the U.S. and China, it is very hard to have any significant improvement, trust or operational cooperation. Taiwan does have its own problem; in 2016 presidential election and others. But at least to me, it seems like Japan is becoming number one issue in U.S.-China relations.

Final two points; One was made very clear by National Security Advisor, Susan Rice, in her speech right after Barack Obama's announcement of national security strategy at Brookings. She said that Africa will be the next front line of the U.S. priority. We all know that China has extensive presence and some people believe China has unrivaled influence in Africa. So Africa could be the next front line or battle ground for the two countries to compete for influence and dominance. Let me conclude by saying few words along what Greg said. I would call this one political decay in the

States. There is a frequent change of the U.S. Secretary of Defense within less than 2 years; Chuck Hagel resigned and now we have the third one. And what about the U.S. budgetary process; If you look at the long-term planning and declining physical resources, there is relative decline of the U.S. in its own domestic resources. But, Obama made it very clear in his own national security strategy that America wants to continue to lead and there is no short of leadership that America is seeking. Any leadership on the global level requires not just resources, but also vision and bipartisanship. I think these three key elements are mostly missing in the current American politics. In the long run, the real big challenge for the U.S. leadership and the U.S.-China relationship is whether America can really have the political will and the political vision to clean up its own houses, line up physical resources, foreign policy priorities and make coherent foreign policy.

· **DELURY**

Last but not least, Dingding.

· **CHEN**

I would like to share my views with all of you and being the last one to speak gives me advantages. I found something that I agree with Baohui, Greg, and also Xie on certain issues so I might repeat some of the points. I actually look at this issue to predict the future of the U.S.-China relations by looking at the two key factors; one is capabilities and the other is intention. Greg talked a lot about what China's intention and Baohui was optimistic because he is more of a defensive realist, not an offensive realist. According to offensive realism, it always ends up in conflicts or the Great War, so on and so forth. By looking at these two factors – capability and intention - from both sides, I am less optimistic than Baohui but certainly more optimistic than Greg is, so I am somewhere in between here. First, let's look at China's capabilities. Most people would agree on that China's rise for the last 30 years has been spectacular - probably not a miracle but starring. The key issue is what would happen in the next 5 to 10 years. China is slowing down for sure; it used to have double digit growth for the last decade but now it is coming down to 7% and even lower. I have talked to some in the business committee and they say that the real growth could be 4 or 5% which, by Chinese standard, is an ugly number. But in international standard that is a great number as I remember Japan has been experiencing 1 or 2, even 0% growth rate for the last twenty years. The U.S. has been doing great with a recent recovery; still slow but much better than other economies. With the size of the U.S. economy, its growth rate of 4% would equal to 8% for China. If you look at the actual number, it is a great growth. So China's capabilities will continue to rise without a doubt but not as fast as people used to think. 2030 might be the time China could surpass the U.S. economy in terms of exchange rate standards. It could be later if China's economy continues to be sluggish. This is important as it would shape Chinese leader's thoughts, intention and strategies. Lots of people say that after 2008 China just became aggressive and that is actually debatable according to some scholars. Iain Johnston in the U.S. has written an essay on this precise topic that China has not become more aggressive or more assertive but it is all just influenced by media. In due respect, they are good story tellers but are not scientific enough and don't look at the numbers very carefully. So, China is not becoming more assertive. What happened after the 1999 U.S. bombing of Chinese embassy in Belgrade? Chinese went angry and threw stones and eggs at the U.S. embassy in Beijing and burned a U.S. consulate building in Chengdu. That would never happen again and after 2008 nothing similar to that happened which means that China is not really becoming aggressive except maybe in the East China Sea and the South China Sea areas but that has very little to do with the U.S. core national interest. So the U.S.-China relation is not that bad. More importantly, what are China's goals and does China want to create a new international order? I don't think anybody has a clear answer to that question. Even President Xi Jinping would have a good answer to that question even though he has put forward his slogan, "China's dream" which is quite vague at this stage but also quite clear in meaning that china wants to become a superpower again once it was like a thousand years ago. I think that notion, that dream, by my experience, is widely shared in China today and most Chinese share Xi Jinping's goal to realize the Chinese dream. Implication of that is quite complicated. As Greg has shown from the report of a German think tank, I think that is actually a very important signal that China wants to establish its own version of international institutions because they are not satisfied with the current ones as they are dominated by the U.S. and Europe, so to speak. In that regard, China and also Russia share same goal – they don't want to live in the world, dominated by the U.S. That is very clear and most people in China would agree with that. The problem is whether it has an alternative and I think the answer is that they don't have one right now although they are trying to develop one. Maybe they could develop one in 30 years depending on their capacities. But, as I said, the goals is very clear that they try to develop new institutions that are better for China's national interests, Asia's and eventually the whole world. It is a very ambitious goal and it will take more than 20 or 30 years to see the result. You should also look at the U.S. side. Joseph Nye has pointed out before that given the U.S. capabilities although it is declining little bit but still there is no doubt that in next 30 to 50 years no other country can surpass the U.S. as a whole. China's economy might surpass the U.S. economy but its military capabilities and technologies certainly will not be able to surpass the U.S. even by 2050. So, the U.S. will remain as a superpower no matter what happens for the next 3 or 4 decades and will try to remain as a global leader as Xie Tao mentioned. You clearly see the conflict – one rising power that is trying to become a global leader and a dominant power that tries to retain the growth. So, there must be a conflict and the result coming out from a conflict is the key that would shape the U.S.-China relations but also global order. You also have other domestic factors and a new factor in China is the new leadership, Xi Jinping as Baohui has written a wonderful essay. Xi has surprised everybody. Before 2012, everybody simply regarded Xi Jinping as a Hu Jintao type of leader who is not really creative. But after 2012, look at what he has done so far. It is unbelievable. Whether his reforms would succeed is still debatable but nobody can deny that he is ambitious. His courage and plan would have huge implications for China, Asia, and the whole world. The U.S. "Pivot to Asia" strategy from 2011 and China's new strategy for responding to the U.S. by marching to Europe, not to have a direct conflict with the U.S., is a good news. It means in the short run we are not going to see any serious conflict between these two powers. Particularly, Chinese Vice-Premier Wang Yang commented last November in Chicago which was not widely reported in Chinese media but in English media. He basically said that China accepts the U.S. leadership for "now," that is the key. China is going to accept the U.S. willingly or unwillingly because we are weak. But I believe the implication is that after we become stronger then we need to negotiate while we don't want to go to war as it is bad for everybody. The implicit message is that the U.S. has to share power with China which is basically a natural law. If you look at history, countries rise and fall, and then new powerful ones will decide their rules. No country can escape the natural law. In that sense, China should definitely have legitimacy and the right to decide new laws as long as it benefits China and other countries. Then, the question for the U.S. is "Are you willing to share power with China?" Of course norms are that china is not a democracy, it has problem with human rights, and the Chinese model is not really applicable to other developing countries. So, the answer could probably be answered 30 years from now if China indeed becomes another superpower. Now at the moment, China is focusing on economic development, domestic modernization, and unification with Taiwan. So if you ask me to predict, that would be pretty difficult but I am relatively optimistic.

• **DELURY**

We have a lot on the table. I want to pose a series of questions and don't feel obligated, just respond to the ones that trigger something. Then, we will do another round and you can interrupt each other. One thing that strikes me listening to four of you is that Baohui turned out to have the most optimistic scenario and he was not even choosing his own optimistic scenario. Greg defines the most pessimistic floor, and Tao and Dingding are somewhere in the middle, emphasizing basic diversions between the U.S. and China and another concept of China building an alternative of shadow structure for economy and security within the larger U.S. hegemony. It is not necessarily you have to have a big clash but it is building something within that. So, the first thing that I would like to challenge some of you, if it entices you, is to step back from your relatively pessimistic assumptions and what could happen in a rosier scenario – where could the U.S. and China cooperation develop. Baohui mentioned the APEC was a big surprise. Most observers were very surprised at the seriousness of the U.S.-China climate agreement. It is just a beginning but it was a surprise even to many in the climate expert community that both sides could make that kind of commitment. That was my favorite summit ever and I have stopped criticizing the U.S. policy because I got 10 year visa to go back and forth to China as much as I want. It was a direct result of the summit and that has a big impact on the relationship at business level and civil society level. So we can see ways in which actually the two are capable of a level of cooperation that I think you have not given enough credit for. So what more could be developed since it is just the beginning? Another would be ISIS. Obama called China a free rider and America could certainly use some help in the Middle East. How much could China help? Are there ways in which China can step up its role in a constructive way that would help the U.S. and other countries in the Middle East to deal with the challenge? The bilateral investment treaty is a big focus at least in the U.S. policy circles that is currently under work and this could be another big transformative factor that significantly increases investment coming between the two for the cooperative side.

Then, pivoting a little, let's go back to our pretty pessimistic assumptions. I want to push a little bit more on what blocks the U.S.-China relations which is ideology or values. From American perspective, the fact that China is not a democracy is not what Americans consider it is supposed to be heading. Xi Jinping is not moving toward liberal democracy and that is very clear. Since two of you have written about this question of Chinese democratization, how does it fit into the U.S.-China relations? Greg has written an interesting piece on June 4th 1989 on suppression of democracy movement as the really critical moment in the U.S.-China relations. It is not actually acknowledged enough. If china democratizes in 2020 as Chen said, then what happens to the U.S.-China relations? Do the two countries get along then? What we have been talking about fade away and no longer worry that in 2030 militaries start to reach parity. Baohui said in 2030 China can start to win conflicts against the U.S. but does it matter if China democratizes? Before then or not, how important is the hostile, rivalry side of this relationship?

And then the third one is on domestic politics as another wonderful virtue of this group is that the four of you have very sophisticated understanding of domestic politics in China and the U.S. It is rare to get people with breath on both. We say all politics is local so the international politics is domestic politics. So what are some key things to look for in terms of domestic politics and how those affect the relationship? The U.S. is obviously moving towards an election and how significant is Bush versus Clinton? How big of a difference does that make? How important are the public sentiments to this future relationship? How do we know the sense of Chinese domestic politics and how it affects the U.S.-China relations? Or is it insulated somewhat as Xi Jinping has a master plan of getting his vested interests and get the responses he wants out of Washington? What model should we use for domestic politics on Chinese side?

• **ZHANG**

I will answer the second question. The form of government, the regime type affecting the U.S.-China relations is not a type of question that realists would pay attention to. They treat them similarly under the same anarchic condition. So its internal organization has no impact on state's behavior. That explains why during the Cold War China and the U.S. were strategic allies. But if you move away from realism, you can argue that domestic regime has impact so you have democratic peace theory which basically sees democracy as good and authoritarian regime as evil. If you focus on the state level factor, you often have the sense of evils versus good guys for debate. Because I am a realist, ideology didn't affect the U.S.-China relationship and they were genuine strategic allies. So I don't think the regime type is fundamentally an issue.

· **MOORE**

The U.S.-China alliance in the 1980s is an interesting example. I think Americans thought Deng Xiaoping was one of us; he is a reasonable grandpa with a cowboy hat, with black cat and white cat and we believed in Jonathan Spence's (and others') narratives that they are becoming like us. So, on June 4th 1989, many people in the U.S. were shocked thinking that maybe Deng Xiaoping was still a Leninist and that is why the ideational thing kicked back in again and we moved back to the Cold War view again and for a season China became more evil than Russia because Gorbachev was viewed more like us again. I salute Baohui for his consistency as a realist saying regime type doesn't matter or it doesn't matter that much in terms of IR picture but I would say as a constructivist that regime type and ideology matter a lot. I would argue that the Cold War was fundamentally about different ideas and that is absolutely what it was about. The U.K. is a nuclear power but nobody in the U.S. is talking about nuclear deterrence focused on the U.K., France, or Israel for that matter but with ISIS, Iran and North

Korea it's a different story. What North Korea has is minuscule compared to what the U.K. has but we are worried about North Korea, not the UK. We are not balancing against the number of missiles, but our perception of who the person is that might put his finger on the red button. That's what we are worried about and we don't trust North Korea. We look at their regime type and see a despotic, nasty, brutish regime and they've got a track record of terrorism and nasty acts. That's what we are worried about. The whole reason the U.S. worries about China also goes back to this ideational matter. I don't think it is the Cold War. A lot of people say that the U.S. has the Cold War mentality. But going further back to Napoleon, Kaiser, Hitler, Stalin, Ho Chi Minh, the Kims, and Saddam Hussein, Americans just don't trust dictators as they have a terrible track record of treating their own people and neighbors terribly by doing whatever they want. They have no accountability in their own society so they can do whatever they want. In the modern era, they control the media and spin their narratives of national greatness. Putin is a great example; if he didn't control the media, it would have been much harder to pull off for 6 to 7 years. He needs to control the media to stay in power and he can now; with state run media you can spin and get the support you want. So the ideas are keys and they are really fundamentally important. That is the fundamental difference between realists and constructivists.

- **ZHANG**

I totally disagree with him. I don't agree with the idea of trusting Deng led to the alliance. Everybody knew he was a communist and he said he wants to modernize without westernizing. Any Americans were ever fooled by him and him becoming a democrat. They liked Deng because Deng was staunch American ally. The latest interpretation of 1979 Sino-Vietnam War was that Deng used a war to get closer to the U.S., gain more strategic trust, not ideological liking. When we look at contemporary U.S. foreign policy, the most important ally is Saudi Arabia. If we overly play this card, ideology is important but in reality the U.S. is like any other great power. Its foreign policy is shaped by power and security and China behaves similarly and is motivated by very same objectives. In that sense, they are not different.

• DELURY

Maybe we can continue with the U.S. support for dictators in the next session. Tao, can you channel the positive, cooperative side?

• XIE

I think it is very hard at this moment to name any particular sunshine industry between the U.S. and China. Visa, as you mentioned, is one example but I heard that it was because Americans were upset with Chinese visa policy. Businessmen want to come to China more frequently but not going through Chinese embassy for visa. That is why the U.S. decided to give 10 year visa to China and Chinese government had to reciprocate. ISIS is a heated debate within China. China is not a diverse country. Martin Jacques, the author of When China Rules the World, has a very good line about China; he says one of the biggest challenges for China in the future is how China deals with difference and diversity. How Chinese government and society can treat the difference? China does have a significant minority of Muslim population in the western part of China. If something spills over from ISIS and cross the border to China, it is going to be a nightmare.

That was why China was very reluctant to openly say anything about the anti-terrorist campaigns either in Pakistan or Afghanistan. But I think there are signs of rising unrest and physical violence in Xinjiang and other parts so that Chinese leadership now realizes that we can no longer free ride to the United States.

• **DELURY**

Is there a serious conversation in China about what China could do?

• **XIE**

One thing that has been discussed was in some circles was that we can send some logistic supports to the United States forces or the UN forces in ISIS. Second is that China needs to change its policy towards Pakistan. I would like to look forward to the areas with opportunities for cooperation but so far the two countries have been cooperating a lot, much more than many people assume.

• **DELURY**

I have a question for Chen. One of you mentioned about how the U.S. is moving down the list a bit in terms of Chinese priority. I think that is interesting and that could be a natural function of China driven by its global economic presence. But just in general Chinese foreign policy is much more complex world than it used to be. Some of the best Cold War historians are arguing Deng Xiaoping may have invaded Vietnam as a present to the United States but it is hard to imagine that kind of thing happening now. The U.S. doesn't command that kind of dominance in terms of China's list or maybe it does but I would like to hear more on that. Is it true that the

U.S. is falling in priorities and then American policy makers need to adapt to the fact that Chinese foreign policy making is infinitely more complex than it used to be during Deng's period?

• **CHEN**

That's not true. The U.S. has always been the number one. It's all in the rhetoric because leaders have realized that to resolve disputes with neighboring countries we need to defend directly instead of going through Washington D.C. There used to be a notion that as long as you maintain good relationship with the U.S. all the regional problems would be solved because the U.S. is behind all these countries like Japan and the Philippines. Now they have realized that they need to deal with them separately and differently, it is not possible that the U.S. is down the list. The fact that the U.S. is the only superpower, well-remained number one will not change; only the tactics will change not the importance. I want to go back to the question of where we can find more cooperation between the U.S. and China. It is very possible that we will cooperation but also more conflict but in different areas. In the low politics such as climate, visa, and investment, we will see more cooperation. But in security areas we will see more conflict and tension, especially regarding China's core national interests. Taiwan has not come out yet and it has been peaceful for the last years but now with the possible victory by DPP next year, we might again enter into trouble. So don't neglect Taiwan which is a security concern number one for China. In that area, we will see more conflict but again both conflict and cooperation exist in this complex reality.

• MOORE

I completely agree with what he said. China still looks at the U.S. as the key issue but has diversified its portfolio to Africa, Latin America and the Central Asia. China is just spreading out its strategic interests and thinking which is wise for China to do so. To me, that is not very surprising and it doesn't really change anything on the big picture that China still has to look at the U.S. as the key bilateral relationship in its relations with the world. There are positive sides like piracy where China has played a great role in the Gulf of Aden and Somalia. China has been working with international community to police the water against pirates and that is a big step for China to play responsible stakeholder role. Another one which is really important but hasn't been talked about is East Timor. You say China is always against whenever it came to Kosovo issue and any other related issues and China was quiet about the Ukraine issue because it bothers China a little bit. China talks about territorial integrity and it is important to Chinese world view. Yet East Timor issue was one of issues china voted with the western nations in the Security Council for the Australian plan to allow East Timor to become separate and have election. China was supportive of that, which is very out of character for China. Iain Johnson would say it is a sign of China being socialized and realists would say China was punishing Indonesia for the earlier 1998 Anti-China policies in Indonesia and riots that made Chinese diaspora suffer from bad treatments. Maybe China was getting even for that I don't know but there are some bright spots. I guess what if China come forward to the Western countries and say it would like to contribute some air forces with J8 and stealth, and squadrons to tackle ISIS targets. What would they say? I think that would be very interesting.

• **CHEN**

I am probably the only one who has written about Chinese support on U.S. coalition against ISIS but I think china would not do that. China would not become a junior partner so to speak. The U.S. probably doesn't want china's support because if the U.S. asks China to support then China would say that "You can be the leader in this fight against ISIS and I am going to be the co-pilot so to speak." The U.S. would really refuse that because that's not going to happen. China can provide ground troops if necessary but would the U.S. agree with Chinese condition? I am bit skeptical.

• **DELURY**

The U.S. still retains operational command of troops in South Korea in case of war. So, it is hard to imagine with China. Baohui, last comment, please.

• **ZHANG**

I think it is misleading for Chinese analysts to say that China's direction of foreign policy has changed. President Xi Jinping's first major foreign policy is to have great power relations because he is ambitious. He wants to achieve international preeminence and wants to see cooperation with the U.S. So he would personally invest a lot of time in the U.S.-China relations. For any rising state, its main target would forever remain the dominant state. As long as the U.S. remains more powerful than China, it will remain as the most important bilateral relationship with China. But that doesn't mean things have not changed. Things have changed a lot. During the peak of the U.S. unipolarity, China intentionally showed deference but now it no longer has deference. Wang Yang has never been authorized to make such a comment. Foreign Minister Wang Yi or Xi himself ever mentioned that China respects the U.S. leadership. The new type of foreign relationship seeks parity based on mutual respect and core interests but there is no deference.

- **DELURY**

We are going to take a break and come back for the next session. We are going to use these frameworks to get into Korea and get questions from students. Let's give them a preliminary round of applause.

Session 2

What are the Implications for the Korean Peninsula?

Moderator
John DELURY_Professor, Yonsei University

Panelists
Gregory MOORE_Professor, Zhejiang University
CHEN Dingding_Professor, The University of Macau
XIE Tao_Professor, Beijing Foreign Studies University
ZHANG Baohui_Professor, Lingnan University

· **SEO**

My name is Jung-min Seo and I teach political science at Yonsei University. I'm really glad to be here and it is very exciting to see very interesting contrast in international relations especially between the U.S. and China - constructivist being pessimistic and realist being optimistic. It is paradoxical because you can maintain coherence if you have a dictatorial system and if you have democracy it is very difficult to be coherent. We can maybe talk over the U.S.-China relations for next 10 hours but let's move to the next topic: what are the implications of the U.S.-China relations for the Korean Peninsula. Maybe the Korean Peninsula is the place where these two great powers can promote peace or conflict or regional conflict as manifested in 1950, so understanding this influence of the U.S.-China relationship in the peninsula is quite critical for the stability in Northeast Asia. I would like to hear from these scholars about their thoughts on the implications. This time we will go in a reverse order. Dingding, you may start.

· **CHEN**

I am glad to be here with my old friend. The Korean Peninsula is a wild area that China and the U.S. could potentially cooperate more and I see there is already some evidence suggesting that two countries are at least thinking along the line on what could be done to persuade North Korea to give up its nuclear ambition. I think the reasons for China to cooperate more with the U.S. on North Korea issue include the following. The first one is, as many of you have already noticed, North Korea's reputation especially among the Chinese public has deteriorated over the last few years. We have read news stories discussing North Korea in which soldiers fled to Chinese villages, killing several villagers and doing some other ugly stuffs. Even among policy circles we have quite provocative view regarding North Korea. Some radicals argue that China should stop supporting North Korea unconditionally because North Korea neglects China for national interests and wonder why China should help North Korea. That is still a minority voice and other people excuse North Korea as it gives strategic interest to China as a so- called buffer zone between China and the U.S. or the U.S. alliance system in Northeast Asia. I think the evidence is emerging as the current leadership under Xi Jinping is at least thinking about how to deal with North Korea differently. China for maybe several months cut off oil exports to North Korea after North Korea did the third nuclear test third again and maybe it can do the fourth one this year which would certainly make China very unhappy. We all know now that Xi Jinping is a top leader and he is not like Hu Jintao. Hu more or less took his hands off regarding North Korea issue and let diplomats to deal with the issue, but Xi has his own idea and does not tolerate North Korea's reckless aggression and behavior. It is clear because after he took over in 2012, Kim has not visited China yet despite repeated demands. So I think Xi is clearly sending a signal to Kim that unless he behaves he would not be welcomed in China. That is why North Korea has been sending different signals to all countries like Russia, Japan, South Korea, Indonesia and the U.S. to send signals to be more flexible because of China's pressure, I believe. That is actually a new approach under Xi Jinping, the old dichotomy between unconditional supports or abandonment doesn't exist anymore.

On the other hand, the U.S. adopted the so-called strategic patience approach toward North Korea because it has realized that it is really tough for the U.S. to adopt military solution which is almost impossible. So the

U.S. wants to be tough on North Korea but doesn't really work very well on North Korea. The military solution is out of a question and to put its strategy not so nicely it can be called laziness approach. You don't do anything effective but just wait for Kim's regime to collapse from within but we don't know if that would happen at all, when it would happen, and even if that happens what would be the consequences. It is my personal view but the U.S. can actually adopt softer approach towards North Korea. It can start by providing some kind of security guarantee to North Korea as North Korea is now desperate for its own survival and fears the U.S. for good reasons. Who would not fear the U.S., the mightiest military in the world? If you look at Iraq's Saddam Hussein, captured by the U.S., and Gaddafi who was betrayed by the U.S. because Gaddafi was the only one willingly gave up nuclear ambition. If you are a North Korean leader and a rational person, I am sure you would fear that consequence. It is reasonable for North Korea to seek nuclear weapons just to guarantee its survival and security. But then again if you think about North Korea's intention, it is not limited to survival. Once you are strong enough, intentions can change. When you are weak, you probably concern about survival. When you are strong, you develop new intentions. Intentions change like individuals; when you are poor you want to think about a two bedroom apartment near Seoul but when you are reach you think about a penthouse in Gangnam. Desires do change in correspondence with your money. So it is reasonable for North Korea to be an aggressive expansionist state if it can become a middle power like South Korea. Imagine if North Korea already acquired nuclear weapon and had a strong economy, then things would have been different and we cannot expect North Korea to be satisfied with his own survival. It will seek unification with South Korea on their terms not on South Korea or the U.S.

terms. So I don't think the dichotomy between survival and expansion is very useful for North Korea because it is weak right now. When it becomes stronger, it will become more of an expansionist power. So how can we resolve this issue? My own proposal is for China to be tougher on North Korea but to be softer for the U.S. China's tough position can put real pressure on North Korea because China provides money, food and oil to it. No matter how much North Korea distrusts China, China is still the only remaining possible ally for North Korea. It is not Russia, Japan, the U.S. nor any other country. North Korea must listen to China somehow. On the other hand if the U.S. adopts softer approach towards North Korea by providing diplomatic recognition, even some kind of security guarantee connected with other countries would make North Korea feel more comfortable. That would eventually pave ground for the eventual reunification for the two Koreas in the future. That would be the best scenario from my point of view. All six parties including Japan would benefit from stable and prosperous peninsula. The worst would be a war between the two parties and the current situation is not very stable and secure. North Korea needs to adopt market reform just like Deng Xiaoping adopted it thirty years ago and eventually social reforms and political reforms, but it will be a long process that would take two decades or even longer. We need to start right now.

• **SEO**

China should be tougher and the U.S. should be softer. Maybe many believe that the U.S. is not tough enough these days and China is not soft enough but it depends on where you stand. Chen has proposed is proposing complex but critical answer on what can actually reduce tension in the Korean

Peninsula. Thank you so much. Next, Xie Tao, please.

• **XIE**

This is not really an area that I know very well but I will venture some ideas. I want to first follow up with Dingding. Today, nobody seriously talks about the Six Party Talks. It seems like the Six Party Talks existed a long time ago. Dingding said that the U.S. is adopting strategic patience and that actually puts China in disadvantaged position. I would use the word that is the very often used in the U.S. domestic politics - outsourcing. I think for a long time China outsourced a nuclear problem to the U.S. China believed that the U.S. cared more about denuclearization in the Korean Peninsula. But after a while it started to realize having a nuclear-armed North Korea poses more immediate threat to China than to the U.S. In that sense, Chen can call this the U.S. strategic patience but I would call the U.S. outsourcing to China. Especially after the third nuclear test, you could find anger over the test on Chinese domestic media. It was only about thirty miles away from the Chinese border and what would happen if something goes wrong with the nuclear test? As we all know, Northeast China is a home for one of the China's most important industrial and agricultural base. This is my first point; China is really at a higher risk as it has a neighbor, a rogue state which is one of the axis of evil. Chinese leaders and some analysts are realizing this and proposing to do something.

My second point is on how to deal with Kim Jong-un. He is invited by Moscow to attend a ceremony and President Xi is also invited. It seems to me that Kim is not playing China off against Russia. Because China was deeply upset and threatened to cut off its aid to DPRK after the third round of nuclear test, Kim is now busy shopping for provider of security and food which are top priorities. Neither the U.S. nor ROK is willing to provide food or security. In that sense, three are only two choices; either China or Russia. Given China's position, that is why Kim strikes me as playing China off against Russia. Despite all the positive media reports about China-Russia alliance, Chinese foreign ministry spokesperson said that China-Russia relationship is an exemplar of a great model of major power relationship. Despite positive comments on this, I still believe that a large number Chinese analysts and working level officials have deeply rooted suspicions about Russia.

My third point is related to Korea and China relationship. Looking at the speech of Susan Rice and documents, the U.S. is now emphasizing capacity building among its own partners and that is translated into the U.S. expectation on South Korea and Japan to spend more money on military. That could be a potential issue between South Korea and China. If South Korea increases spending on its own security capability, China would feel that it is unjustified given China-ROK booming economic ties two countries. But in the national security document, the U.S. emphasizes again that it is going to prioritize capacity building instead of preemptive or unilateral actions.

My final point is about Japan. As we've talked about China, the U.S. and Korea, we obviously cannot bypass Japan. You can make a strong argument that China and Korea are becoming very cozy partners because they both don't like Japan. In that sense, Japan is playing unintended, positive role by driving the two countries closer. But given the economic ties between China and South Korea, people would automatically assume that, as long as Japan remains as a bad guy, the two countries would probably build up political trust. I would disagree. You could see two folds increase in Chinese tourists coming to South Korea and Korean TV shows are becoming more popular in China but the trust at the political level is still something hard to come.

• SEO

He pointed out very important issues like outsourcing nuclear problem between the U.S. and China and the split between Russia and China. I think that is the reason why North Korea prospered in the late 1960s when it was able to get aid from both China and Russia during the Sino-Soviet dispute. It seems that Kim Jong-un is exploiting the situation an there was also a wonderful analysis on Japan as a common bad guy, which is very interesting. Let's move on to the next panelist, Gregory Moore.

• MOORE

In terms of what impacts the Korean Peninsula in IR, I made a list of 7 things: trends in domestic politics in South and North Korea, trends in the economic situation in South and North Korea like famine, trends in ROK-DPRK bilateral relations, trends in Japan-ROK, Japan-DPRK relations and any of the other bilateral relations such as China and the Koreas, the U.S. and the Koreas, and finally China-U.S. relations. All of these things can impact what's going on in international relations of the Korean peninsula. For me, the most important one would be the first one - trends in domestic politics in ROK and DPRK. If you look at the difference between Kim Dae-jung's sunshine policy and Lee Myung-bak's rain and clouds, to borrow those metaphors, they are totally different. Different ideas, different people and different policies by actors all matter on different policies towards North Korea. Same thing applies to North Korea. Even Kim Jong-il had both sunshine and rain depending on which period he was dealing with. With Kim Dae-jung he was all sunshine, while with Lee Myung-bak he was not so hopeful. Now his son came to power and he has been all over the map too, more rain than sunshine probably. Also domestic politics in North Korea matter. What is North Korea doing and what do they want? They don't have to pursue nuclear weapons. If they decide not to do so, that would make things a little easier for its relations with the U.S. and China. Looking at their interests in getting nuclear weapons, it is primarily a security dilemma problem. They saw what happened to Libya by give up its nukes and they also get lessons from Ukraine which also gave up their nukes. The lessons you might take away from this is that if you can get nuclear weapons, you should get nuclear weapons. You don't have to be a realist to see that. The second reason they want nuclear weapons is that it shores up the leadership in domestic politics. You can show the people that the leadership is competent, the country independent and powerful. Only the great powers in the world have been able to pull this off. We are the smallest of those yet we've done it because we are special. They have the whole narrative of Korean exceptionalism going on in Pyeongyang and that is important to its leadership. Trends in relations between South and North Korea are obviously important too as they are related to domestic politics as well; Also, the trends in the U.S. relations with the two Koreas and domestic politics in the U.S. When George W. Bush came to power in 2001 he poured rain on the sunshine and he could have chosen differently. If he had chosen differently in 2001, maybe things would have gone in a different direction; maybe those nuclear tests wouldn't have been forthcoming or at least would have been delayed for few years, I'm not sure. U.S.-China relations also impact things but maybe not as much. If things got really bad between the

U.S. and China, then maybe the two Koreas become proxies. But when the U.S. and China are just competitive, the Korean issue is one issue on a table with many different issues and I don't think China-U.S. relation itself is the key driver of relations between the two Koreas. I think the U.S. and North Korea are set in a security dilemma, where the two key issues are. One of the problems we have in addressing the problems in the Korean Peninsula is that it is just different interests at stake. For the two Koreas themselves, probably unification is the big issue and the two different regime types and models they have, in the lack of trust between them. For the U.S., the nuclear issue and the security of ROK, the U.S. ally, are the two issues. What really threatens the U.S. is probably the nuclear issue as it worries about nuclear proliferation. North Korea does have a record of proliferation and a lot of nuclear analysts think that the stuff Libya gave up actually was the fruit of relationship with North Korea as there is some evidence. The DNA of the nuclear material that was taken out of Libya did not match the nuclear DNA of any other countries' nuclear material. So it is either Israel or North Korea and it is unlikely that Israel would give that stuff to Libya. Thereby my conclusion is that the help Libya got was in part from North Korea. For Japan, the abduction issue has been the big issue on North Korean problem and for China's interests it is mostly stability but the nuclear issue also because that could unleash arms race dynamics that is very unfavorable to China. It gives rightists in Japan more leverage or better argument to push forward the normal country narrative, even nuclear weapons, although the latter seems unlikely. Because these powers all have different interests on the Korean Peninsula, it's really a confluence of interests and the hope that somehow they can all come to a meeting where they can find a mutually agreeable solution. That has always been difficult, especially with with the elections of hawks and doves in the U.S. and South Korea and North Korean valleys and peaks, sunshine and rain, and so on. The stars have not yet aligned such that we have been able to find a good solution to it. Two keys are North Korean restraint and a decision in Pyeongyang not to do things like Cheonan and Yeonpyeong and to make some efforts to reconciliation with the South, relative exchanges, return to the profitable early 2000s and the sunshine days with South Korean reciprocity; that would be an important place to start. I agree with Dingding that China can tighten the screws a little bit. I think China has been doing that, whether the mood is behind the closed door in Beijing or in the open, but I give credit to China. Despite my gloomy forecast, this is one area where the U.S. and China have worked very well together, as they do have many common interests on this issue. Neither one of them want to see a nuclear Korean Peninsula. I think China has done more than the U.S. gives it credit for. I think the U.S. overestimates how much leverage China has, as North Korea is very resistant to any interference from anybody, even big brother and good friend China. Relations between Pyeongyang and Beijing are tense and there is very little trust between them. If China can continue to put pressure on North Korea, that is good, but ultimately the U.S. holds the cards because of its superior power. I've written an article and a book published a year ago on the notion of the need for a U.S. leader who can make a deal with Pyongyang. It would probably have to be a Republican just as Nixon was the one who could make a deal with China because he had the Cold War credentials. If somebody like Johnson or Kennedy had made that opening to Mao, people would call him a pinko, communist sympathizer. But for Nixon, nobody could say that so he could make that opening with China. In the same way, I think Obama has demonstrated with Cuba recently a number of moves that are on the right note. 50 years of containment of Cuba hasn't really done much frankly so I think that Obama's was a wise move. Let's move forward. I think the same way on North Korea. The U.S. has always put denuclearization first, and then we can talk about normalization and better relations, but North Korea is not going to do that. So I think the U.S. can make a decision to flip flop things and say, "Let's make a real treaty and let's end the Korean War. Let's do what China and the U.S. did in the 1970s. Let's recognize and give respect to each other, open embassies in each other's countries and sign a peace treaty in good faith." North Korea has not done much to deserve good faith so this takes a lot more faith on the U.S. side. It may not work and North Korea could still move forward on its nuclear program. But if the U.S. makes all these efforts, it would be very difficult for China to resist the U.S. pressure later. The U.S. would say "Look at what we have done but they are still testing nuclear weapons and doing the same thing. So now we might need some more international agreements to put even more pressure on them." I am not optimistic, but maybe North Korea really will move away from this trajectory on becoming an operational, functional nuclear weapon state. If the security dilemma is really the issue, if the U.S. can really offer, as Obama said, an open hand instead of a clenched fist, maybe that would help North Korea to make a decision to pull back from the brink in the direction they are going. I think it is worth a try and that would be my advice to the U.S. I think it would put North Korea in a rather awkward position. It is rather like a passive or aggressive sort of thing for the U.S. to do to call North Korea's bluff. "You've been saying this for a long time. You want better relations? Here, we are going to give you a chance. Prove to all of us that you are capable of being a reasonable actor." So, let's try this. We tried everything else but it is not working. Strategic patience is actually a sort of strategic negligence to my mind. If you do nothing, the danger of nuclear operational North Korea is only going to grow. So, I don't think waiting is a great option and attacking North Korea has never been an option because of the realities of the 35 mile distance between North Korea and where we are sitting right now. So, we need to try something new with North Korea. That's my advice.

• **SEO**

While I was sitting in my office, I calculated the ballistic scale and my office was actually safe as there is a mountain behind. One thing you've missed is North Korea is bit concerned if there is a problem with North Korea Hollywood. Saddam Hussein is gone and Gaddafi is gone. They also had a great lesson that if they don't have a nuclear weapon they will have the fate of Hussein and Gaddafi. So it is an ironic lesson it learned from the last 20 years. You also asked for a bold movement of the U.S. to recognize North Korea. I think that idea has a history; the first one who raised the issue was in Kim Dae-jung in 1971 when he was a presidential candidate. What he proposed was a mutual recognition; for the Soviet Union and China to recognize South Korea and for Japan and the U.S. to recognize North Korea. I think China and all the others lost another great opportunity in 1992 when diplomatic normalization happened between South Korea and China. If they had more consideration for the movement of North Korea being recognized by Japan or the U.S., there could have been a chance before development of a nuclear weapon when Kim Il-sung was still alive and had firm control. We lost that second chance and then until today we don't have any exit strategy. Lastly, Zhang Baohui, please.

· **ZHANG**

Other panelists more focused on what could be done on North Korean issue. I would like to stick to the original them - Implications of the U.S.-China relations for the Korean Peninsula and for South Korea. I think South Korea has actually benefited from continued China-U.S. rivalry. Of course the worst case scenario, the war between the U.S. and China, is also bad for South Korea. If China and the U.S. are involved in direct conflict, then South Korea's position is extremely difficult because it is an ally of the U.S. The obligation of South Korea then is not only unclear but very detrimental to South Korean national interests if it has no interest in fighting against China. Luckily as I commented in the previous session, the war scenario is extremely limited and I don't see any prospect for that. So we can take off the worst case scenario facing South Korea in the Sino-U.S. context. The current scenario is a peaceful competition; China and the U.S. are both practitioners of offensive realism. They are both trying to gain a leadership position in regional and global context. Therefore they are strategic rivals but largely peaceful and it benefits South Korea precisely because China needs to compete over South Korea for its loyal support. So the recent very good China-ROK relationship is a direct outcome of the China-U.S. rivalry. Before 2010, China-ROK relationship was not very good. All the opinions and mutual feelings between the two were pretty bad. Lee Myung-bak government pursued a classic balancing strategy and tried to rely on the U.S. alliance to hedge against the rise of China. China was very suspicious of Lee and didn't like him. But the relationship turned into a better direction precisely because the U.S. initiated the Pivot to Asia as a posture of strategic competition to limit China's growing influence. In a context, China had to initiate offensives and China-ROK relationship improved. When President Xi came to office, he took measures to consolidate China-ROK relationship in order to have a so-called facing the U.S. pivot. China didn't punch back hard with military response but used a soft strategy to deflect America's pivot. One of the strategies was to consolidate China's relations with neighboring countries to deny the American opportunity to pivot with a purpose of consolidating America's influence in the region. In that context, ROK began to benefit from China-U.S. strategic rivalry. China's preferred policy instrument is economic weapon. In that context, China began to exhilarate China-ROK free trade negotiation which is hugely beneficial for South Korea. Today, not only the two country's economic relationship has deepened, South Korea accumulates very largely increasing trade surplus. So this is one direct benefit that South Korea has derived from China-U.S. strategic but peaceful rivalry. The second benefit is China's greater pressure to punish North Korea. Chinese fully understand North Korea's threat to South Korea. So in recent years China's responses North Korea's provocation has stepped up despite other explanations. China wants to punish Pyeongyang in order to please Seoul. Xi's policy has two consequences. Xi has taken unprecedented measures to punish North Korea which effectively deterred additional provocative measures. So we would never see again another Yeonpyeong island type of incident. That doesn't mean that Chinese policy has made North Korea give up nuclear weapons but at least North Korea would not initiate additional provocative actions against South Korea because they know that China will stop everything. The second consequence is, because of China's punishment, Pyeongyang has been compelled to diversify its diplomatic relations. That is a direct consequence of China's policy which benefits South Korea. I think Kim is genuine in improving relations with everybody else because it is a key foreign policy thinking of hedging.

Beijing's incentive to please Seoul has benefited South Korea and it has been a benefactor of Sino-U.S. rivalry.

　　The next question is how to handle the impact of Sino-U.S. rivalry. It is a hard balancing act because South Korea needs security and only the alliance with the U.S. can provide it. On the other hand it has economic reliance on China which gives its relations with the U.S. another issue. How can Seoul balance those two things? Good relations with China with deep economic ties and security alliance with the U.S. I think it is very difficult for Seoul to balance those two things. One advice is that Seoul needs to be aware of China's core interests. It is legitimate for Seoul to consolidate its alliance with Washington for security. But their bilateral military cooperation may harm China's interest and create a critical moment. How can Seoul resolve this issue? South Korea's official response is that they haven't considered it but it already has been debated extensively inside South Korea. You have different opinions on this security issue and the concern of China. It is very difficult for Seoul to balance these things. But luckily because of Japan factor, somehow even if Seoul chooses its alliance with Washington over its relationship with Beijing, the damage on its relations with Beijing could be limited. I think it replaces the U.S. factor as China now sees Japan factor as a greater threat than the U.S. So that is classical balance of power debate. The U.S. is a great power but it is considered less as a threat compared to Japan although it is a lesser power. In that context, there is another side of common strategic binding between China and Seoul. Even if there is a war, the negative impact on ROK-Sino relations may be limited because China does not have a broader strategic picture. So that is lucky thing for Seoul as there is another side of rivalry and has a room to maneuver.

Jung-min Seo: Thank you. Actually many believe that the U.S.-China cooperation will give a maneuver or leverage for South Korea but he just made a very opposite argument which is very convincing. I'd like to ask other panelists how they think about the Japan factor. Japan is an increasingly important player in East Asian security issues and sometimes we miss the Japan issue. Here is the second question. When analyzing the implications of the U.S.-China relations in the Korean Peninsula, mostly it is regarded as an independent variable and Korea as a dependent variable. What about thinking it reversely by understanding South Korea as an independent variable that has any kind of influence over East Asian security structure or the U.S.-China rivalry in the region and whether any specific South Korean policy can promote or move to a better direction. The third question is about a comment that most Chinese now see North Korea as a poor dictatorship that gives a headache. Most South Koreans also see North Korea that way and see China as a threat. Most Chinese believe that Japan is a threat. How can these popular images, discourses and public understanding have any real implication or influence over foreign policy? 90% of Chinese hate Japan. Does it have a real meaning in Chinese foreign policy making or is it a totally separate issue? Was it just manipulated by the government? Popular perception might be an important issue. I am raising this issue because the rise of nationalism in East Asia is giving a concern. There is a far rightist movement in Japan, nationalistic political discourse in South Korea and very strong one in China from the 1990s as the 5th generation leaders went to a college in the 1980s and 90s when nationalistic discourse was popularized in Chinese society. So, the new leadership might have more assertive, nationalistic understanding of world order. Please answer to these three questions.

• **ZHANG**

I would like to address the last question first. I think what you said is a misplaced foreign narrative of China that somehow before the 1990s Chinese were less nationalistic and afterward nationalists had driven Chinese foreign policy. I totally disagree with that. It is partly Western and partly Japanese narrative that says the authoritarian Chinese regime started to lose its legitimacy in 90s and therefore used nationalist for domestic rules. That is a complete nonsense. I grew up in the previous generation and we learn everything about Japanese war atrocities. One of the most foolish Japanese interpretations is that the older generation didn't know much about the Nanjing Massacre and only those who started to attend universities in the 90s know that. It is a complete nonsense and totally not true. So I would totally dispute that narrative. That is again a state level analysis; you use authoritarian regime nature to predict foreign policy behavior. If it is an authoritarian it must not have legitimacy and it must drive nationalism to hold power. It is a cliché of western and Japanese interpretation. I would say that nationalists are not leading the politics. Throughout the 1980s, Japan and China had a honeymoon period with a high level of mutual liking. After 2006, Hu Jintao and Wen Jiabao administration pursued peaceful policies towards Japan and overcame nationalist challenge. They agreed to Abe's request to write a joint history book. They appeased Japan's revisionist motivation and they accepted and gave Japan a chance to revise history. Japanese went overboard although the book wasn't published in China. In 2009, Hu administration reached an agreement over East China natural gas field. So, Chinese leadership is not dictated by nationalism. It is just a classic western cliché.

• **MOORE**

One of the most famous and best articulated versions of that Western narrative is Wang Zheng who is Mainland Chinese born and a professor at Seton Hall. I recommend him because I totally disagree with what Zhang said. As a constructivist, I think the nationalist narratives are really important.

• **ZHANG**

But you didn't live in China before the 1990s and you don't know what we went through so you cannot compare the two periods.

• **MOORE**

I think anyone wouldn't argue that China doesn't have a reason to be unhappy about Japan. I'm an American and I think Japan has handled the history issue badly. I am usually on the Chinese side on this debate. Japan handled the history issue horribly. So China has a reason to be upset and I am not going to dispute that. But I think since the patriotic education movement, China has manufactured a Frankenstein's monster which is now an independent variable that drives foreign policy. It gets little bit out of hand now where the Chinese government has to respond to all these Anti-Japanese things, like the proliferation of anti-Japan movies in China. Go to China and turn on any channel, any time of the day among 70 different channels of various state-run TV stations. You can find Anti-Japanese war movies any time of the day.

• **ZHANG**

Chinese treat it as a pure entertainment. Chinese laugh at those silly movies.

• **MOORE**

Read Wang Zheng who has the best articulation on this and I find it very persuasive. The book is called Never Forget National Humiliation, published by Columbia University Press in 2012. It is a great book. Zhang would totally disagree with this but it is a great book and Wang's argument is that the reason why this Anti-Japan stuff has been constructed was to shore up the support for a very insecure, fragile Communist Party that lacks legitimacy among its own people, so it needs a common enemy. Baohui calls it is a cliché but I think there is some truth to it and I recommend that book to you. So the public opinion matters in China today, more than ever before. The state is a master. The best cyber feudal state in the world is China. North Koreans don't believe in the gain because they don't really have the internet. Chinese have done so well at being open, but yet the State is still controlling the discourse. But even they cannot control everything now. So this is the danger to the Chinese state. The discussions are happening on WeChat, Weibo and everything else and it can get out of control. So the public opinion really does matter more than ever before even in communist China. I think it is something that we should take seriously and I am sure it is true in South Korea and Japan as well.

On the Japan issue, I think the rise of Abe is something that has brought Seoul and Beijing together, which is pretty obvious. But the role of democracy is in domestic politics and regime type. Japan has democracy, Abe is who he is and he was elected. I haven't done research on this in Japan but my guess is that not everybody agrees with his nationalist rhetoric and maybe the majority doesn't agree with his revisionist ideas. But when you elect a candidate, it's not a one issue thing. You are voting mostly for economic reasons because probably the previous party did a crappy job so the LDP had more credibility in building an economy. He may not have been your first choice, but because he is better than the other choice, you vote for him. That is how democracy works. And now you have Park Geun-hye as the president here and she has her own personality and history with Japan. She is the most anti-Japan leader you have had in this country for a long time and that is just a convergence of things the way it is right now. It complicates the coordination of the U.S.-Japan-ROK security issues and I am sure it gives a big headache to U.S. policy makers. But that is the reality of democratic politics. We have to deal with that. I don't agree that Japan is a bigger security threat than the U.S. in China. I still think the U.S. is the number one perceived security threat for China. I think China really underestimates Japan as a security threat but Japan has the 4th highest defense spending in the world and a very elite, well-equipped military force. Chinese security guys always underestimate Japan's power; even if the U.S. doesn't come in, I think Japan has a very formidable power and I have yet to meet Chinese interlocutor who really respects Japanese military power in a way that is up to standard of what Japan really can do. So I think China underestimates the threat of Japan.

• **CHEN**

I agree more with Zhang, this time. I think nationalist discourse in China has been misunderstood.

• **ZHANG**

It is the western narrative of China.

• **CHEN**

Western or Japanese, I don't really know. But I have an empirical proof. The book of Wang Zheng is good but not great because it doesn't have an empirical support. I have done some surveys in the last few years, precisely to test the argument whether patriotic education actually has the real impact on Chinese youth. We did a survey on Chinese high school students. The surprising finding shows that there is not much impact at all. The kind of state-sponsored patriotic education has no impact. Family background and education have the impact. Basically if you are highly educated, less likely you are to accept that kind of education. If you are more from a party member family background, you are more likely to accept the patriotic education. So that is a good news. The youths are not like robots; they don't receive whatever information the party and the state tries to send out. The TV programs are laughable. Don't overestimate the power of those TV programs. My father's generation really likes that kind of program but we should not underestimate the critical thinking of the younger generation in China. They don't accept propaganda from the state. Most Chinese don't like Japan but that doesn't mean that they would go to war with Japan. They prefer peaceful means. When it comes to Diaoyu island issue they don't prefer war but they still prefer peaceful resolutions although they don't like Japan. So we need to correct that image. Sure, China doesn't like Japan and North Korea very much based on our survey finding but we can still talk about cooperation.

• **SEO**

So can I understand it as that popular sentiment and foreign policy making are two different things in China?

・ **ZHANG**

That is the issue of state autonomy. Even democratic states have significant degrees of state autonomy. It is totally not true to say that China's Japan policy is dictated by domestic nationalism.

・ **SEO**

So, it is not dictated by popular feeling but the CCP has sole autonomy?

・ **ZHANG**

It definitely has a greater autonomy than democratic states.

・ **CHEN**

If you try to organize Anti-Japanese protest in China, you get arrested.

・ **ZHANG**

Exactly.

・ **XIE**

I want to say few words on this Anti-Japanese or Anti-American sentiment. I think every country has these parties with frenetic mentality. Many young Chinese don't like America. They protested in 1999 after the embassy bombing but the next day they went to the U.S. embassy for visa. I think the same thing can be said about shopping in Japan. During the spring holiday of six days, the number of Chinese tourists visiting Japan is more than the number of tourists in one full month. Chinese spending in Japan within six days is over 6 billion RMB. When you look at public opinion polls, Japan has very low favorability ratings among Chinese but also look at the way Chinese behave. Some online Chinese commentaries ask what Chinese are doing; on the one hand people say Japan is bad but on the other hand people are rushing over to Japan because Japanese yen is depreciating and buying Japanese cookers. I think it is part of frenetic mentality. My final comment is on treating Korea as an independent variable and the U.S.-China relationship as a dependent variable. So far, I think there are plenty of examples like Cheonan in 2010. When you have tensions on the Korean Peninsula, almost inevitably the relationship between the U.S. and China would become bad. The U.S. would blame China on the behavior of its own ally, the DPRK and China would say that the U.S. has no smoking gun to say that the submarine was sunk by North Korean torpedo at the UN Security Council. If you treat Korea as an independent variable, it almost always has a bad influence on the relationship and this independent variable is going to be extremely unpredictable because many times it depends on erratic behavior of Kim Jong-un.

· ZHANG

I think that is an interesting issue. Typically the great powers influence lesser powers but not vice versa. It is very difficult for South Korea to become an independent variable in shaping China-U.S. relations precisely because South Korea is trying to do something about it. South Korea is trying to become a more meaningful actor in regional policies because it doesn't want its fate to be dictated by rivalry. It doesn't want to choose side as it is uncomfortable. So what is South Korea's attempt? That is the middle power strategy; South Korea wants to link up with other middle powers in the region like Australia and Indonesia so that they can collectively play bigger role in the regional affairs and shape great power relations. I remember one conference where one Korean participant raised a question of whether it is feasible for South Korea to shape great power's policies. I said probably not because historically speaking great power's policies have never been shaped by middle powers. It was always the other way around and that is the reality.

• **CHEN**

Let me take a different side from Baohui. I think South Korea actually has an important role to play here in terms of influencing China and China-U.S. rivalry. The best strategy for South Korea is to cooperate more with China and to maintain stability and prosperity in the Korean peninsula. The first reason is that, economically speaking, China would provide capital, market and all that to South Korea and the spillover effect on North Korea which is important. So it is important for South Korea not to lean too much toward the U.S. side particularly in security area. One recent troubling signal is the possible installment of THAAD. The U.S. strongly wants that but South Korea should be very careful. I'm not saying South Korea should side with China unconditionally as it is not going to happen. But, certainly player's each role on more of equal distance between the two powers; that is the best strategy for Korea. You don't want to lean on one side completely. Another reason is that South Korea can play a very positive role in China-Japan relations as well. They both don't like Japan for some good reasons and South Korea should abandon ideology-oriented policy of basically viewing China as non-democracy thereby not trusting China. That fact is an important issue but it is not as important when it comes to the triangular relationship. I think South Korea so far has not shown strong ideology-oriented thinking but it should be careful not to go down that road of promoting democracy or human rights too much. That is not going to be very helpful to their relations.

• **SEO**

Actually in South Korea, the fear on China is not about dictatorship or authoritarian regime but about Chinese nationalism.

• **ZHANG**

Again, that is the problem of western narratives. I think probably it is fading away.

• **SEO**

As far as I remember, the very empirical one was in 2008 Olympic Games. The Chinese riot in downtown Seoul downtown. That had a great impact on people, thinking what would happen 10 years later. It is China's responsibility to convince that it is a big power but a benign power.

• **ZHANG**

Not necessarily perhaps. Koreans are mainly afraid of powerful China. But how can they reconcile and justify their own concerns? They have to find an excuse of China being an authoritarian regime and thereby dangerous. It gives the idea that Koreans fear China's internal regime characteristics so they are afraid of China's intentions, especially that of nationalistic China.

• **SEO**

Actually China as an authoritarian regime is a popular discourse in the U.S. but not in Korea. There is not much concern on China being authoritarian but China being expansionist and making controversies. Young Chinese students studying at Yonsei University say that the northern part of Korea used to be Chinese territory. That is what scares us.

• ZHANG

But on the other hand, South Korea has a double standard. South Korean athletes in a competition in China show a nationalistic sign. No Chinese athletes have ever done that.

• SEO

Identity aforementioned by a strong or super power and identity aforementioned by a middle or a small power should not count as equal. They are different. American saying that the U.S. just likes to maintain its value everywhere in the world is really hegemonic. But a native Hawaiian saying that their sense of peace is universal in the world just gives a good sense. That is a difference. Same nationalistic discourses but when a very strong neighbor is presenting its nationalistic perspective, the sense of threat is much bigger.

• CHEN

There is a tendency for media or even among scholars to really exaggerate one incident or a small number of people who say crazy things. We should be careful about that. They don't represent common Chinese policy even if it is very controversial. Chinese government refrains from talking it again. Crazy people would say anything but I don't think we should pay too much attention to them as there will always be people like that. If you focus on those people, too much and too often, that is going to distort the picture we have towards each other.

• ZHANG

That is the danger of trying to understand another country's intention by analyzing state level factors. You always exaggerate another country's evil agenda. If you focus on structural level issues, you begin to appreciate another country's concern driven by structural imparities. Once you move to structural level, you tend to have a more benign interpretation of each other's danger. If you focus on the regime type, you always exaggerate.

• SEO

I'd like to raise a last question as I have noticed a difference. Is North Korea unpredictable? Actually Chen Dingding said that the only concern for them right now is survival so that makes it very predictable while Xie Tao said Kim Jung-un is very unpredictable. Or is it extremely predictable but it is just a case that the U.S., China and South Korea simply cannot accommodate that predictable goal.

• ZHANG

I think North Korea is very predictable but has unpredictable behaviors patters of a weak state. Because the other party is stronger they want to use extraordinary measures to reveal their resolves. In that sense their behaviors are not only predictable but understandable. But again others will read it in a domestic regime perspective and say it is a bad government. That is why it becomes unpredictable to measure its bad leader, the Kim family as they are human beings. I think their behaviors have typically similar efforts and intentions.

· MOORE

Because of this regime type and leadership structure, belligerence is kind of predictable and we shouldn't be surprised by that. I would say that North Korea is very unpredictable because you just don't know what you are going to get. Is North Korea going to come offering new policies to Seoul to open up more tourists to Paektu Mountian or Kumgang Mountain? You just don't know as there is no transparency. Baohui said it is predictable but nobody predicted Cheonan, Yeonpyeong Island, the Rangoon bombing, or commandos trying to invade the Blue House a few decades ago. I would say that it is a very difficult negotiating partner because you don't know what you are going to get. Are they going to come with very accommodating stance or with some new sort of hard line position? North Korea is very unpredictable and hard to work with.

· CHEN

That probably depends on what you are trying to predict. I have two predictions about North Korea and I think most people in this room would agree with me. Prediction number one: North Korea would not launch a surprise attack against Seoul for the next 10 years no matter what. Prediction number two: North Korea will continue to make troubles for everybody for the next 10 years. What trouble it would make is hard to predict but there will be some troubles like testing missiles or even sending assassins. In a broad prediction, we are pretty confident but with smaller ones, we don't know.

· SEO

Maybe we can interpret this way. Their ultimate goal is very predictable, the survival. But their strategies or means to achieve that goal is very unpredictable. Few days ago at another conference, we had a very extensive talk about Chinese experience with Special Economic Zones and the possibility of implementing it into North Korea. It is my personal interpretation that without economic reforms and Special Economic Zones in 1978, maybe the CCP's fate could be pretty much similar to Eastern European communist parties, so-called progressive decay and collapse. So, it is a possible interpretation to understand Chinese economic reform as a regime survival strategy. Is there any way for us to convince North Korean party that economic reforms or implementing Special Economic Zones is the only way for it to survive?

• **CHEN**

I think they are already convinced. The recent New York Times report by Lankov already pointed out that they have quietly and secretly implemented market-oriented reforms by allowing peasants to keep more of their crops after they give a certain quota to the government. That is exactly what China did years ago. Because of that, North Korea's economy is improving, which is both a bad and a good news; a good news in that it is not going to implode from within any time soon but a bad news in that it is going to be more aggressive sometime.

• **MOORE**

I think comparing Deng Xiaoping's situation to Kim Jong-un's situation is quite difficult. Could Kim do what Deng did and try to open things up and suddenly reform? He could, but I wouldn't predict that for several reasons. First of all, Deng Xiaoping was a general, he was widely respected and he had legitimacy among Communist Party leadership to take a really bold and radical position, whereas Kim Jong-un is nowhere like that. He doesn't have legitimacy and respect from the army. So it is politically more risky for him to advocate anything bold. The other thing is an ideational, cultural filial piety, Confucian perspective. Kim Jong-un's whole legitimacy rests on his last name and being Kim dynasty number 3. So, to depart from that is very risky. Deng Xiaoping departed from it a few times under Mao and he got thrown into jail. He came out of jail on top of his competitors and was able to pull off reform policies. For Kim Jong-un, the only leg he stands on is his father's standing in the party. If he tries to depart from that, he kicks the stool out from under his own legs. Even though Andre Lankov talks about such reforms and they would certainly be beneficial for North Korea from a pragmatic perspective, launching comprehensive reforms like Doi Moi in Vietnam and gaige kaifang in China is politically impossible for him.

• ZHANG

I thought that his father already tried to copy the Chinese lesson. He went to Shenzhen to absorb Chinese case as part of North Korean economic reform zone. The other parts of regime always build a myth about the Kim family but they know that people are starving. They want to solve that problem too so they are also similarly motivated to improve their economic performance.

• CHEN

If I may say a word, I think I disagree with Greg again. I think if Kim Jong-un survives another 10 year, he will do what Deng did because he needs to first resolve security problem. The CCP resolved its security problem by improving its relations with the U.S., and then he focused on the economy. North Korea needs to resolve security problem. Maybe after they become a formal nuclear power in 5 years to achieve a status, then they can think about serious comprehensive economic reforms.

• **SEO**

In the second session, we have discussed complex issues in detail. It seems like from the discussion on North Korea we know their ultimate goal and that reform is a very plausible way of survival and North Korean leaders know about that. And yet we haven't solved a North Korean problem yet. I think the audience had a good experience of listening to different perspectives on peace and prosperity in East Asia. Any questions from the floor?

• **FLOOR 1**

I am a student at Yonsei GSIS and I am from Kazakhstan. Thank you so much for all the ideas that you shared with us. It was a big pleasure. I have two points. When I was in China recently, I asked my friends whether they think that the Chinese government is treating and supporting North Korea well as it is the only remaining ally. I was surprised to hear from one of them who blamed North Korea as a terrible regime that makes the whole world shift. The second point is that in the previous semester we had a U.S. policy advisor as a guest lecturer at Yonsei and he said it is a good news that the U.S. and South Korea are engaging more for military cooperation. I was actually surprised to hear that because the fact that the U.S. and South Korea are engaging more makes South Korea and North

Korea get more separated from each other. Upon these two points, my question is whether you really think that both the U.S. and China want to proceed the possible reunification of the Korean Peninsula?

• **MOORE**

There are some people who argue about the buffer state idea that China for example wants North Korea to stay independent because that preserves the buffer state. Some people worry that a unified Korea would be an Anti-Chinese Korea, so I think there is divided opinion in China. Lots of Chinese will look at the Korean Peninsula being unified as a good thing if China could have good relations with that new Korea. There are other people who worry that Washington would dominate the new Korea. Everybody hopes it is a peaceful reunification like Germany being unified. Nobody wants implosion or explosion on the Korean Peninsula - implosion meaning North Korean refugees flying into China and causing troubles, and explosion in the sense of U.S. bunker-buster bombs hitting the presidential building in Pyeongyang. I hope it is a peaceful transition and I think, at least from an academic perspective, the reunification of the Korean Peninsula is a wonderful thing we have all hoped for for a long time because the division of the Korean Peninsula has been a giant headache since 1945. We can then get back to working on building peaceful future relations among all the powers in East Asia. Of course if it is going to be reunified, there are all these contingencies about what would it look like and how that would play out. So there are uncertainties that we don't know now. But I think it is ultimately a question between the two Koreas. China and the U.S. are both there as the respective big brothers of the two Koreas, and will watch the process and maybe guarantee the security of their respective client states or friends. They will play a role and they would both agree that this is something they have to work out. The U.S. and China should really be encouraging the two Koreas to work out and maybe neither the U.S. nor China has been doing a good job about encouraging inter-Korean reconciliation because ultimately that is what Koreans want the most.

• **ZHANG**

I think China prefers to maintain the status quo, the divided Korean Peninsula because of strategic mistrust on both the U.S. and South Korea. What if South Korea takes over North Korea and maintains its alliance with the United States? China would not want unification in that sense and China already has internal guiding principle on the Korean Peninsula–no war, no nuclear weapons and no chaos. They would prefer to have divided Korea better which can be better than the unified Korea. A Russian scholar proposed to resolve the issue that the unified Korea must be demilitarized. I think that is nonsense but a more practical suggestion is unified Korea without the U.S. presence but I doubt many in Seoul would accept that. Therefore China prefers the status quo and it often explains why China supports North Korea even though it is a total bastard in Chinese eyes.

• **SEO**

That's really complex because when President Kim Dae-jung visited China in 1998, the discussion was that there is a mutual understanding between Jiang Zemin and Kim Dae-jung that the unified Korea will have American forces and this may stabilize things between China and Japan.

· **MOORE**

But only south of the 38th parallel.

· **SEO**

Yes, but the unified Korea may and should maintain American forces. Otherwise, there still is a discussion about the rising Japan.

· **ZHANG**

This is an extremely sensitive issue because at that time China and North Korea still had pretty good relations. So I am not sure whether that discussion between President Kim and Jiang was true or not. I think China prefers the unified Korea without the presence of the U.S. troops.

· **CHEN**

I think the official Chinese policy is to support unification if it is done peacefully and gradually. It is not regarding the presence of the U.S. military but I think the issue that people don't pay attention to is whether South Korea wants reunification as soon as possible because there will be a very huge economic burden on South Korea. If done in 30 years it may be fine but if in 5 years it is going to drag South Korean economy.

· **SEO**

We are even not sure whether the military service would be terminated after the reunification because soldiers have to keep much longer Korean border than the one we have today.

• **FLOOR 2**

My name is Maximilian, also a student at Yonsei GSIS. Thank you for your presentations. I have one comment which will lead to my question. My comment is on Chinese nationalism that we've talked about. I have an anecdote from my friend who is an American and teaches English in Chinese high school. He gave an essay topic to his 16 year old students which was only about testing their English skills not their knowledge in international politics. The topic was how to resolve the Japanese problem in terms of Senkaku/Diaoyudao. What most of the students wrote was that they should nuke Japan off the map. That's also empiric but a very small number of observations. You said that you laugh at the television shows on Japan you see everywhere in China. But I think they have influence on people. You said Chinese go to Japan and buy rice cookers but Korea also makes good rice cookers. This leads to my constructivist question. In the academia in China, is Northeast Asian integration discussed for its possibility like what happened to ASEAN or the European Union? I am from Europe, so I think the European Union was a great thing to do in terms of security and peace. Except single currency, I think it is working well. So what can we do to have peace and security in Northeast Asia? Can we have some kind of ASEAN or the European Union? Is there a scenario that can solve the unification of the two Koreas because we don't need it anymore as they are now in one union? Is it something we can talk about or is it just a dream?

• **XIE**

Let me just say few words. Obviously it has been studied and investigated by many Chinese scholars but so far there is not much optimism on ASEAN or the European Union type of Northeast Asia community. The best news I got from Xinhua News said that officially China-ROK free trade agreement will be signed this coming May. We already have an English document ready and what is left is this document to be translated into Chinese and Korean. It happened between China and South Korea but when we talk about North East Asia community we need to include Japan. Because Japan is currently being disliked by both China and Korea, any talk on trilateral agreement is very unlikely at this moment.

• **MOORE**

There is an institution called Trilateral Cooperation Summit which is based in Seoul. We invited the ambassador to Zhejiang University and the ambassador rotates every two or three years. That year the ambassador was Korean, and then he/she will be Japanese and then Chinese. So the three of them are trying to build these institutions but the history problem is a giant obstacle and the old security alliance system divides them. But functionalism according to Jean Monnet is what made Europe come together. It seems to me that there is no reason functionally that the East Asian powers couldn't. I think they have moved along for the way to cooperate like the example of FTA. If Taiwan and Mainland China can be unified and also for the two Koreas, then it would be much easier because the Cold War left over stuffs can fade away. Nationalism doesn't go away so that is still a problem, but French and Germans mostly solved that. Whether they have the same resources in East Asian cultural reconciliation practices, I don't know. But so far there has been a lot of talk and it is in Chinese interests to do that because they'd rather have China-Japan-ROK discourse that doesn't include the U.S. It hasn't really been successful yet, however.

• CHEN

If I must say, I still don't think that nationalism is a big issue; it is a small issue based on our survey research. We did find that nationalism has no correlation with Chinese attitude toward Japan, South Korea and the U.S. It is actually the concrete conflict like territorial disputes is a big factor. That would influence our attitude towards Japan. It is not nationalism and history which are the two big factors people usually emphasize.

• ZHANG

The other factor is pure realist factor, power shift. Before 2008, in all three countries there were a lot of liberal thinkers and the Trilateral Cooperation Summit is the reflection of people being rather optimistic. But in recent years China's rise has intensified security dilemma over power in the efforts of community building. So today, neither China nor Japan talks about community building. Japan is aligned with the U.S. and changed its peace constitution. China also increased its military spending. Everybody has come back to the old days where realism offers better explanation. The best explanation might not be building a community and have new identity that eliminates mutual mistrust. The explanation given by a realist Waltz who talked about why Europeans were able to cooperate, is due to the U.S.' dominance. The best elaboration was made by Andrew Kydd in his book, Trust and Mistrust in International Relations. He has a whole chapter devoted to European achievement. He more or less repeats realist Waltz's theory of the U.S. dominance in the western world. American troops were based all the countries in Europe. They were no longer afraid of each other and the U.S. unipolarity during the Cold War year in the Western order created a foundation for their increasing mutual trusts.

· **MOORE**

Based on Baohui's theory, I have a simple solution. The U.S. should occupy China andNorthKorea. I am joking, of course.

· **ZHANG**

I agree. That might actually solve the problem

· **XIE**

Yes, that might solve the problem.

· **SEO**

Even, there is no alliance between Korea and Japan. That is what is different from Europe. Even under the U.S. umbrella, Korea and Japan refuse to make an alliance for the last half century. Even though we can keep discussing on the issues, we would like to conclude here. Thank you.

延世大学 孔子学院 研究丛书 005
中国研究院

미·중관계의 변화가 한반도에 미칠 영향
Future Direction of US-China Relations and
Implications for the Korean Peninsula

초판 인쇄 2017년 3월 20일
초판 발행 2017년 3월 30일

편   저 | 연세대학교 공자아카데미·연세대학교 중국연구원
펴 낸 이 | 하운근
펴 낸 곳 | 學古房

주   소 | 경기도 고양시 덕양구 통일로 140 삼송테크노밸리 A동 B224
전   화 | (02)353-9908 편집부(02)356-9903
팩   스 | (02)6959-8234
홈페이지 | http://hakgobang.co.kr
전자우편 | hakgobang@naver.com, hakgobang@chol.com
등록번호 | 제311-1994-000001호

ISBN 978-89-6071-655-1 94300
      978-89-6071-638-4 (세트)

값 : 13,500원

이 도서의 국립중앙도서관 출판예정도서목록(CIP)은 서지정보유통지원시스템 홈페이지
(http://seoji.nl.go.kr)와 국가자료공동목록시스템(http://www.nl.go.kr/kolisnet)에서 이용
하실 수 있습니다. (CIP제어번호 : CIP2017007598)

■ 파본은 교환해 드립니다.